Aris Dendramis
Copyright © 2023

Immagina di essere sempre circondato
da persone felici e sorridenti,
che ti facciano sentire a tuo agio
e ti facciano dimenticare
qualsiasi problema.

Immagina di poter sorridere
in ogni situazione,
persino in quella più difficile,
e di trovare sempre,
come una buona radio,
le migliori frequenze della vita.

Se stiamo bene sorridiamo
ma è anche vero il contrario,
perchè se sorridiamo stiamo bene.

Sorridendo ci sentiamo
più vicini e connessi
ed impariamo a trovare
soluzioni creative
per ogni circostanza.

Sorridendo
diventiamo supereroi chiamati
Problem Solvers

Buona lettura

A.D.

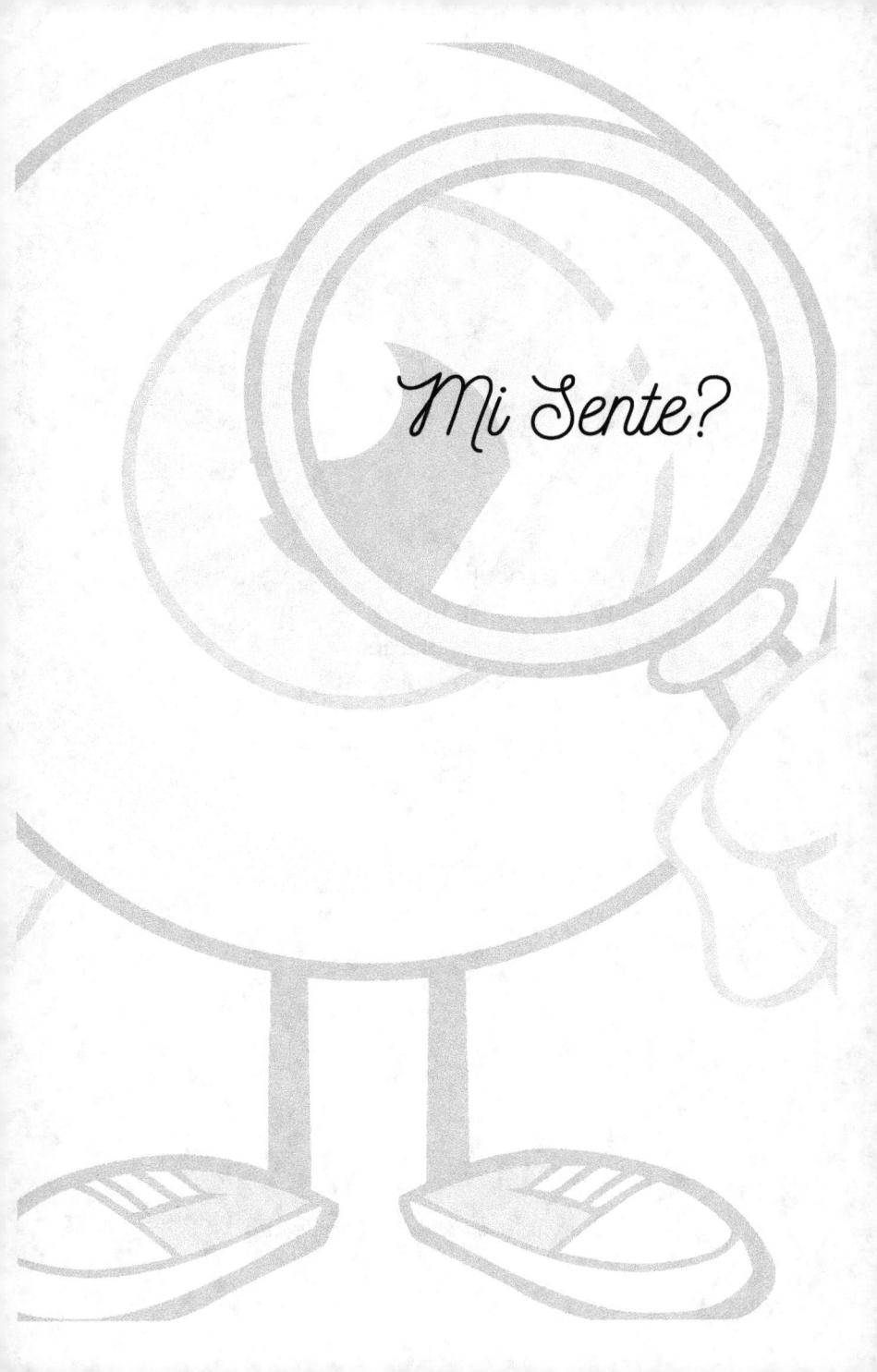

Un medico oculista opera di cataratta
una paziente ultraottantenne
e le chiede:
"Vede meglio ora?"

La paziente risponde:
"Chi parla?"

Chiamatemi un otorino per favore

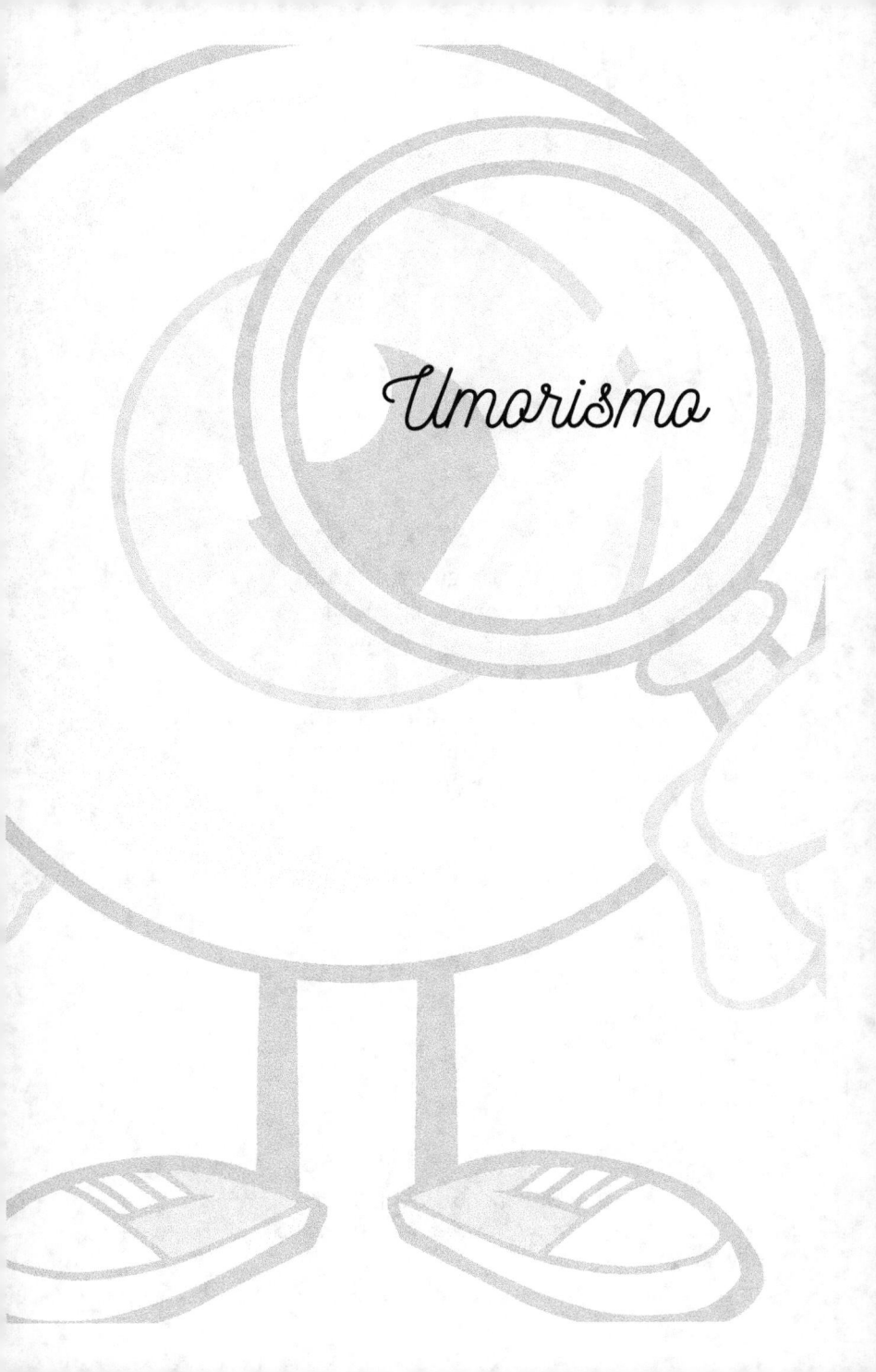

Umorismo

Perché gli oftalmologi
sono così bravi
a fare battute?

Perché hanno sempre
un occhio di riguardo
per l'umorismo!

*Ovviamente hanno anche una visione
molto chiara dell'umorismo*

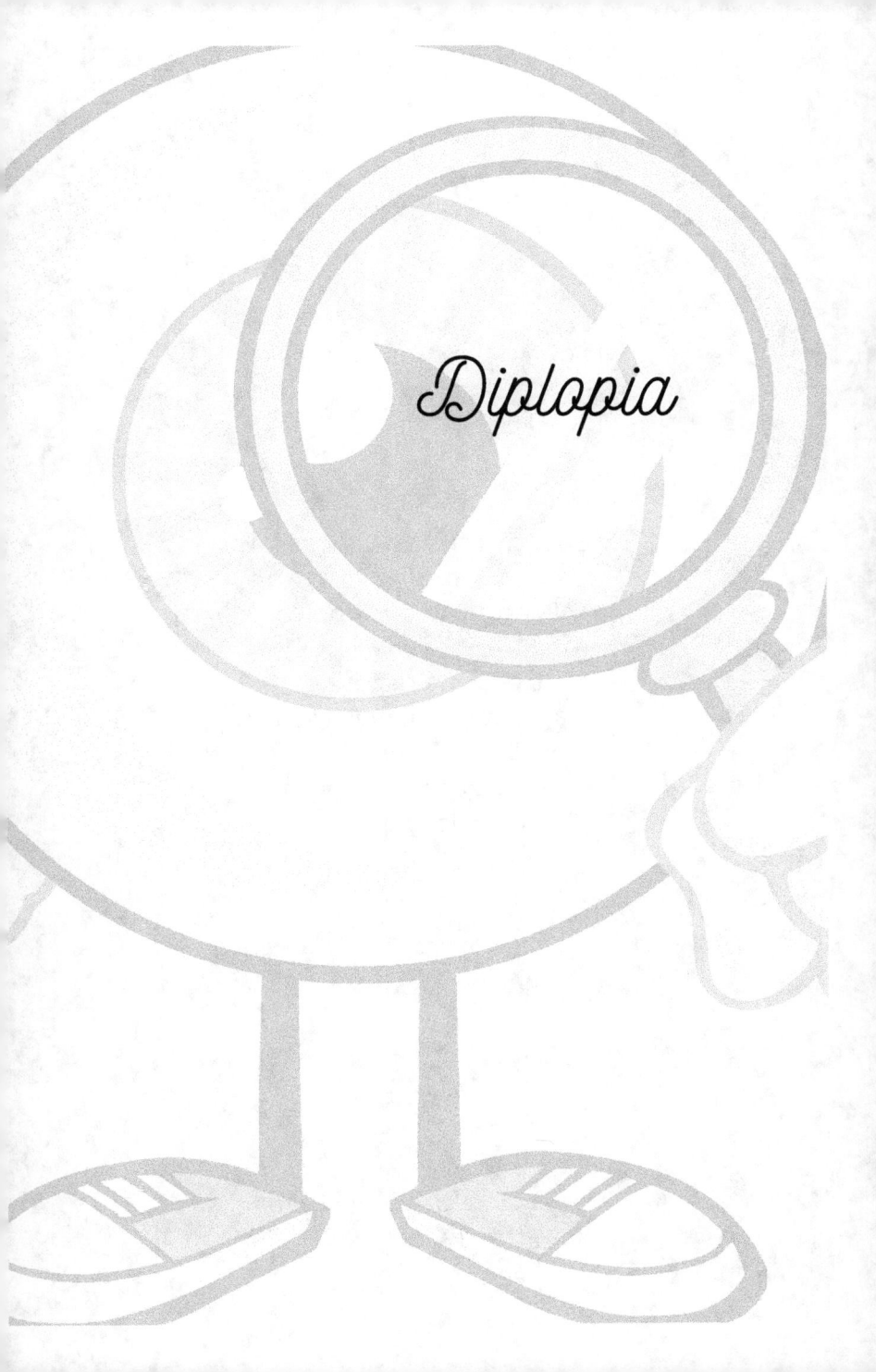

Diplopia

Un paziente va dall'oculista
e dice:
"Dottore, vedo doppio!"

L'oculista risponde:
"Si accomodi su quella sedia".

Il paziente:
"Quale delle quattro?"

*Cinzia, potrebbe portarmi i prismi
di Berens per favore?*

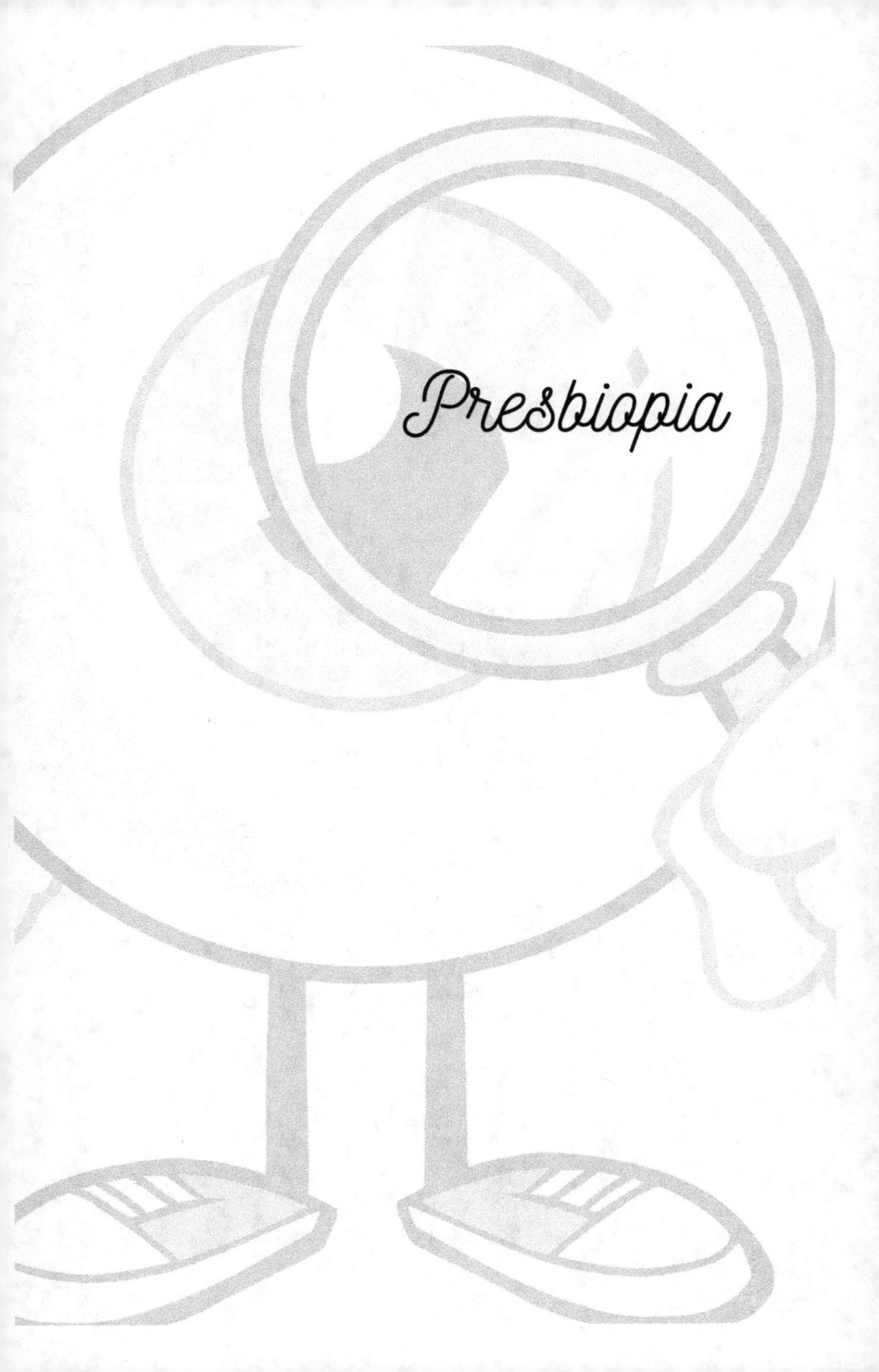

Un oculista dice al suo paziente:
"Mi dispiace signore. Lei ha la presbiopia".

Il paziente risponde:
"Oh no, dottore! Quanto tempo mi resta?"

Riveda presto i suoi affari
e riposi in pace, fratello.

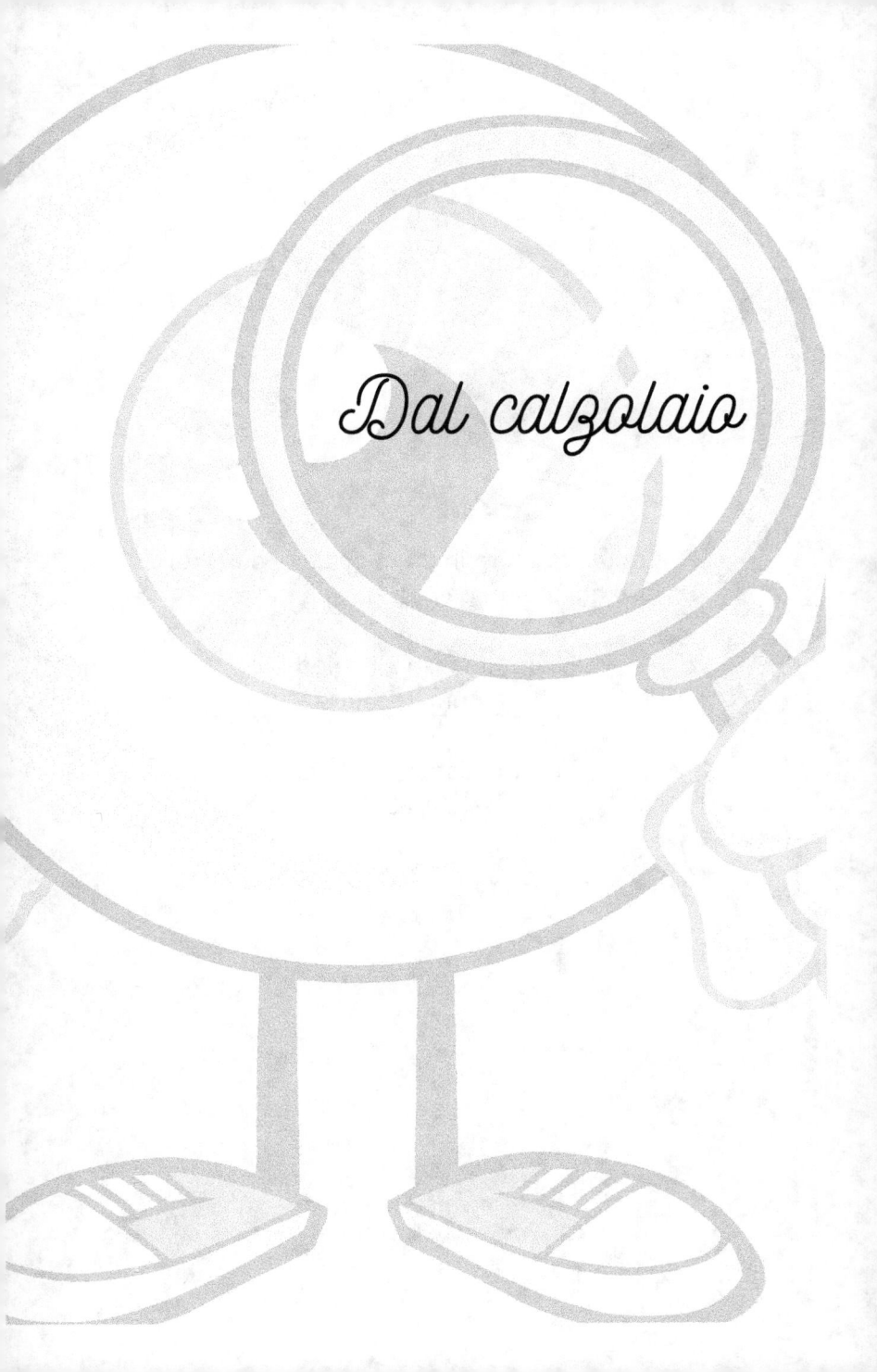

Dal calzolaio

Un oculista entra in un negozio di calzature
e chiede un paio di scarpe nuove.

Il commesso gli chiede:
"Che numero porta?"

L'oculista risponde:
"20/20!"

*Le interessano anche
dei sandali, dottore?*

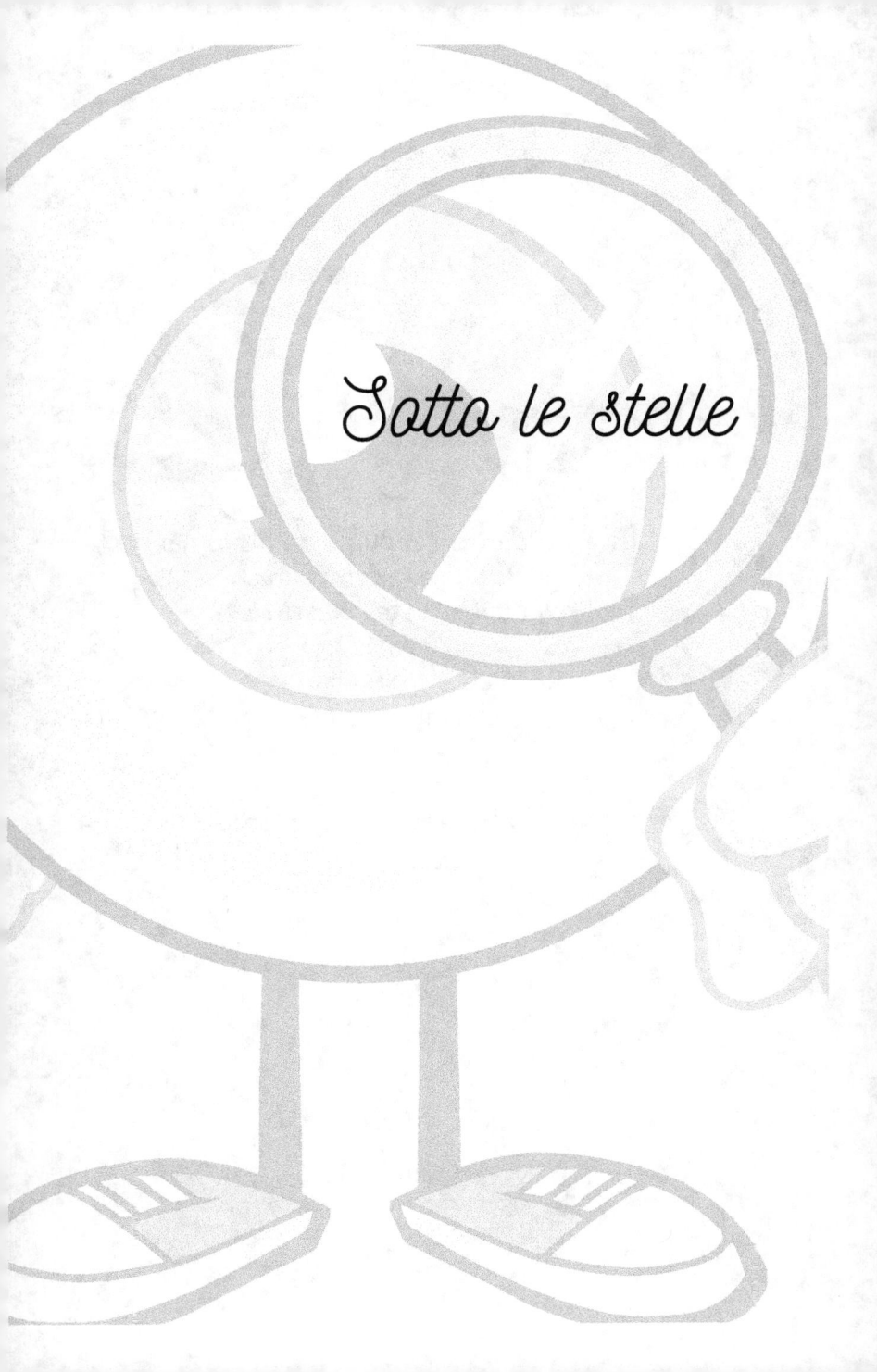

Sotto le stelle

Un oculista, durante un appuntamento romantico,
chiede alla sua compagna:
"Vedi quella stella lassù?"

Lei risponde:
"Quale, quella piccola lì?"

E lui:
"No cara, quella è un lampione!"

*Potresti passare in ambulatorio
domani mattina, cara?*

Cosa dice un oculista
quando termina un intervento chirurgico?

"Occhio, sono un mago!"

Con il potere del perfluoro e il mio trocar in mano...
l'occhio ritorna sano!
Pufffff!

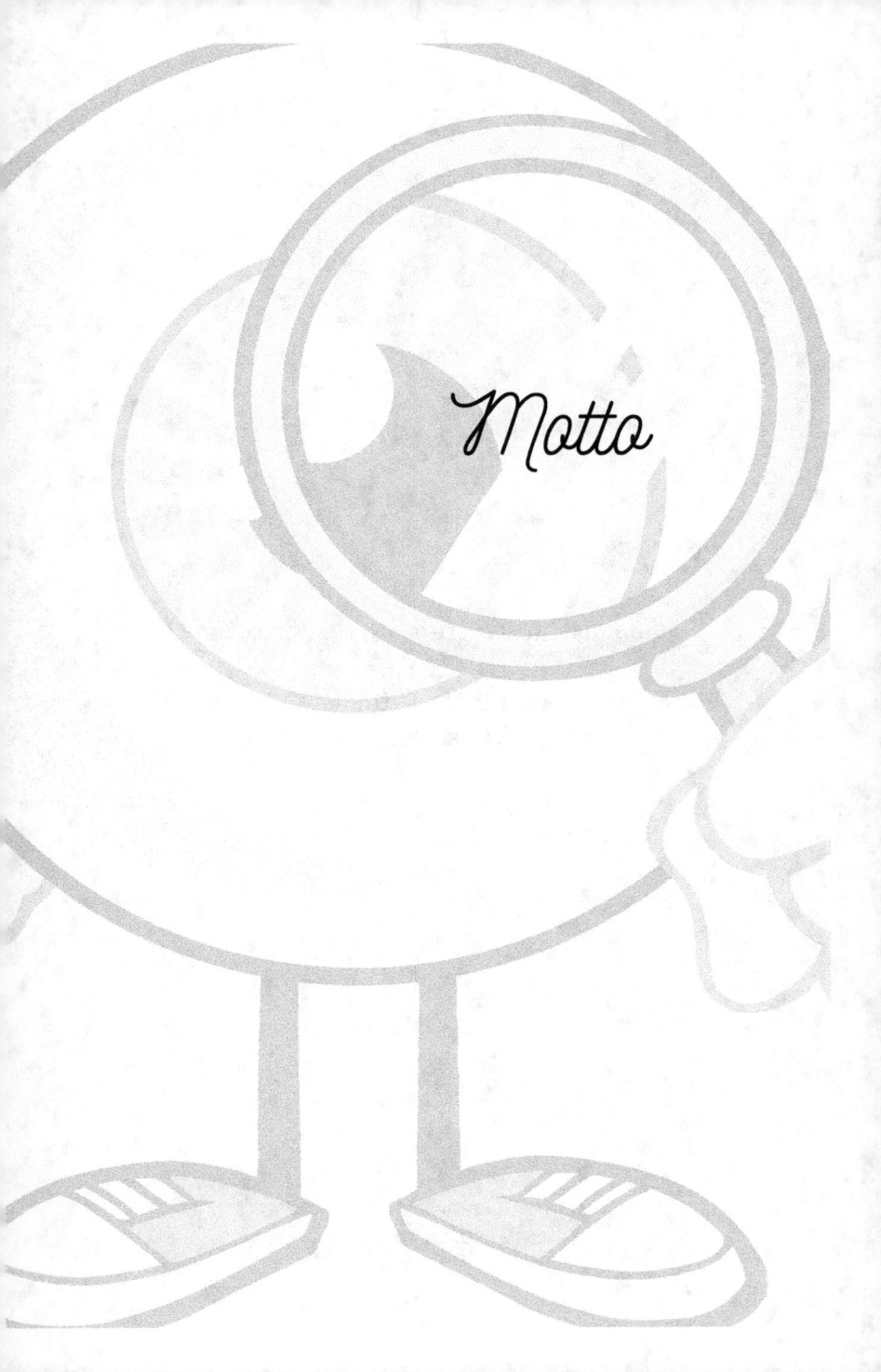

Motto

"Qual è il motto preferito dell'ortottista?

'Raddrizza la tua vita,
raddrizza i tuoi occhi!'"

Martina, ho visto il suo slogan
sul giornale!

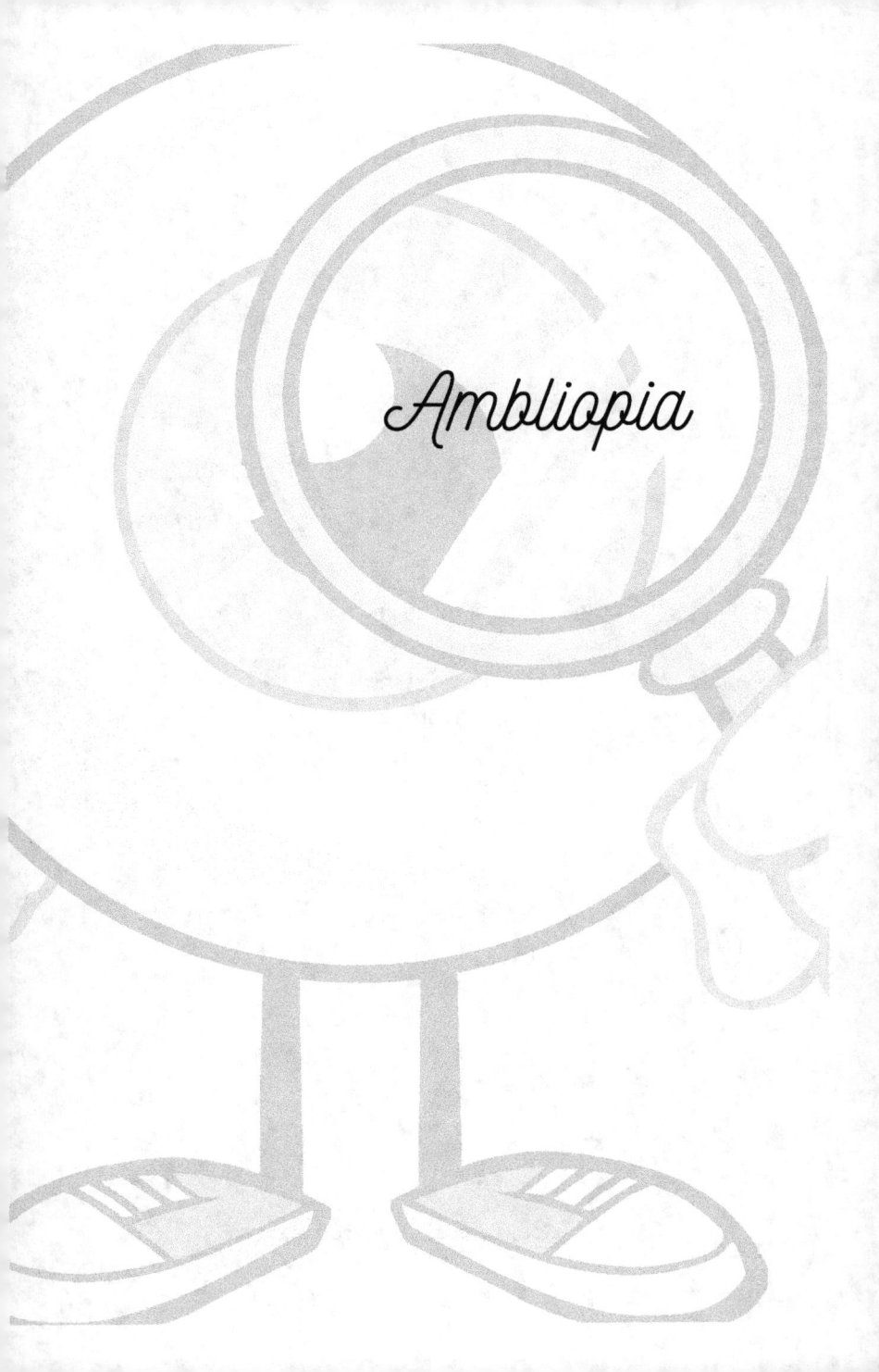

Ambliopia

Qual è il motto degli occhi pigri?

"Mettiamoci in moto...
Ma domani..."

Con calma...Poi si vede. . . .

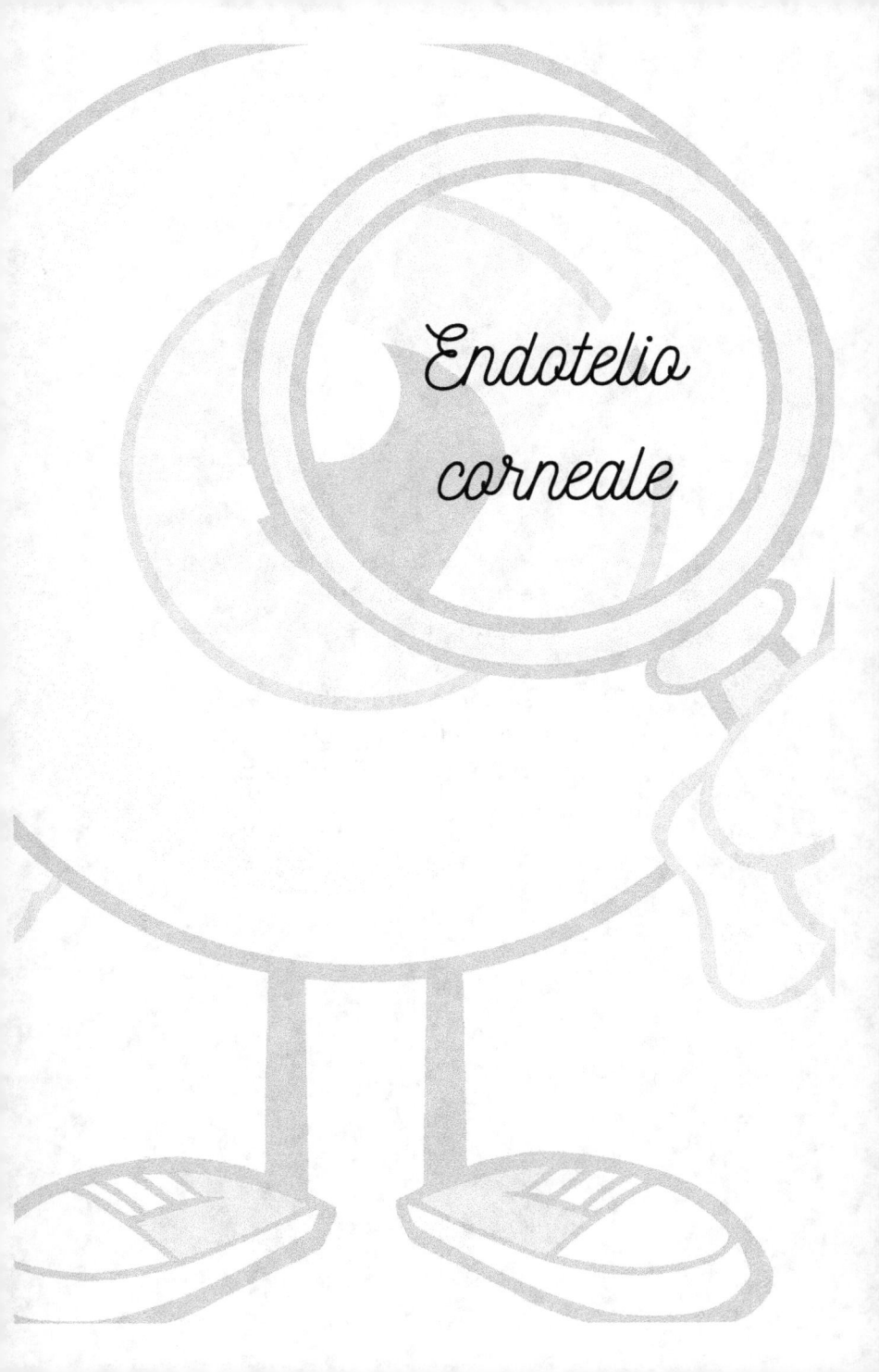

Endotelio corneale

Perché l'endotelio corneale
è sempre il benvenuto
a tutte le feste?

Perché sa come "tirare l'acqua",
e tutti vogliono che sia lì
quando servono cocktail rinfrescanti!

Signor Fuchs, lei non è invitato.
Rimanga a casa.

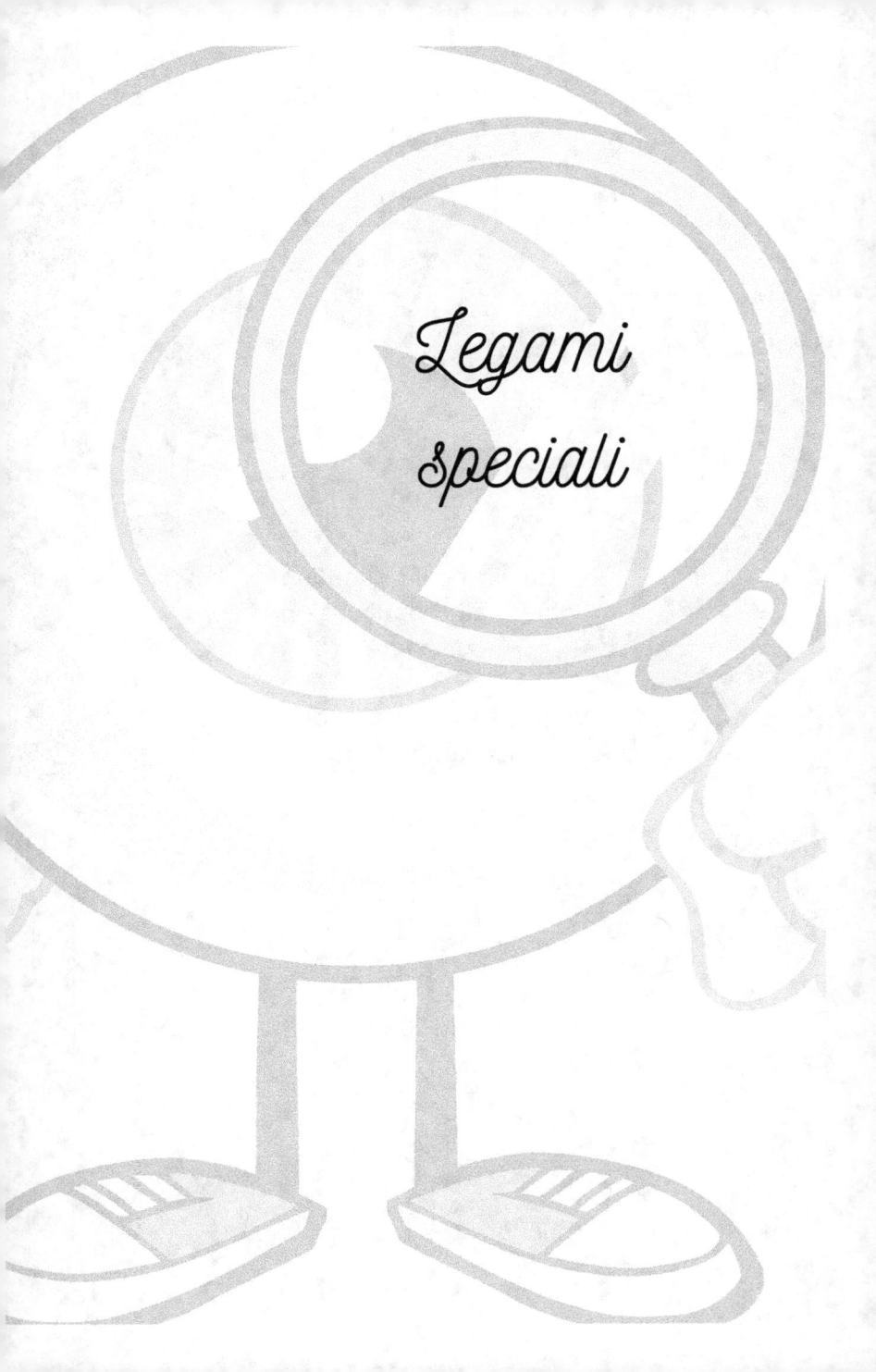

Legami
speciali

Un giorno il Cristallino
chiese alla zonula di Zinn
di uscire.

Voleva vedere se tra di loro
ci fosse un legame solido e speciale!

Gisella, questo paziente ha la PEX!

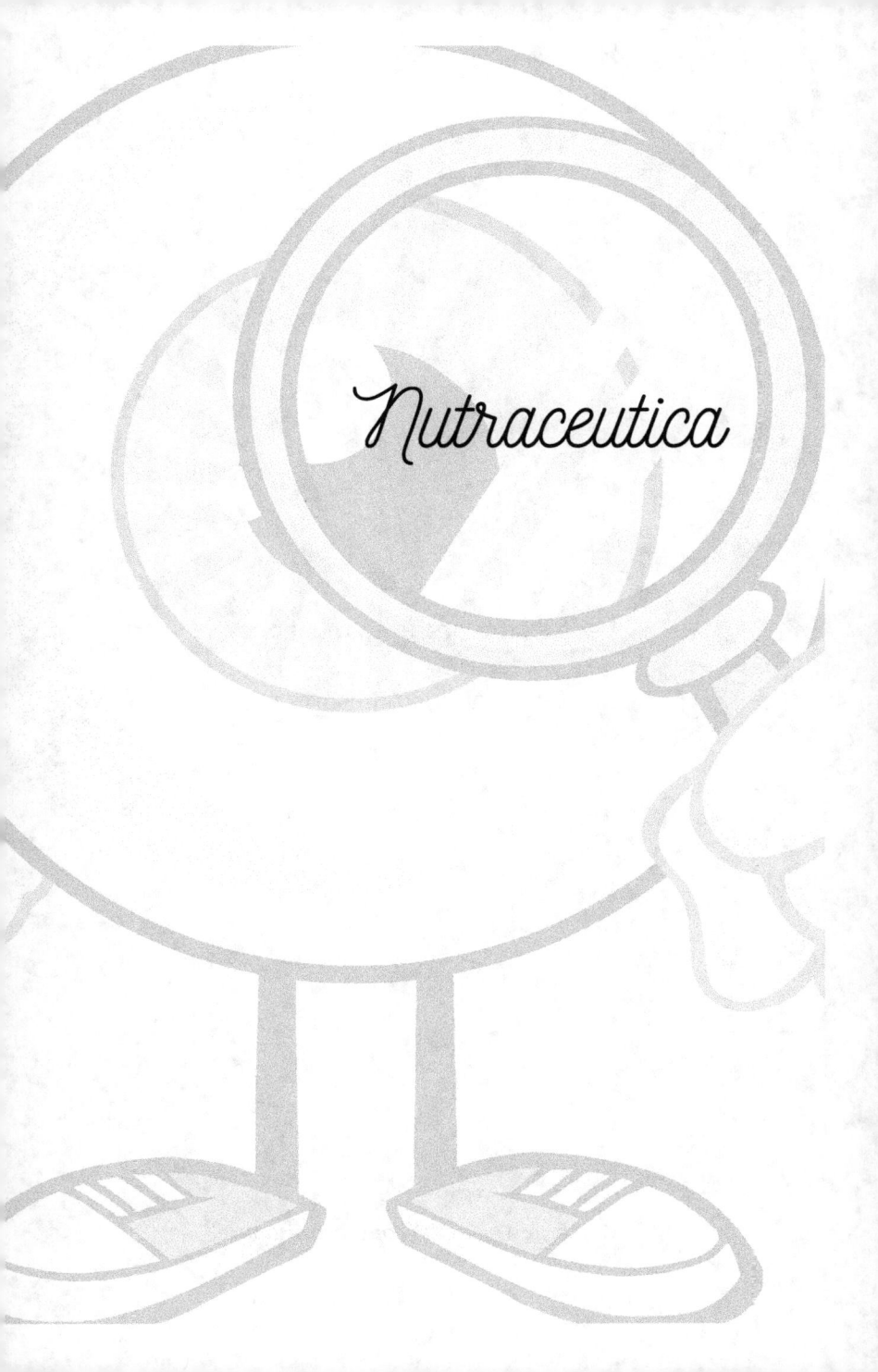

Nutraceutica

Qual è il cibo preferito degli occhi?

Le "vitamine A la carte"!

Cameriere? Siamo pronti per ordinare.

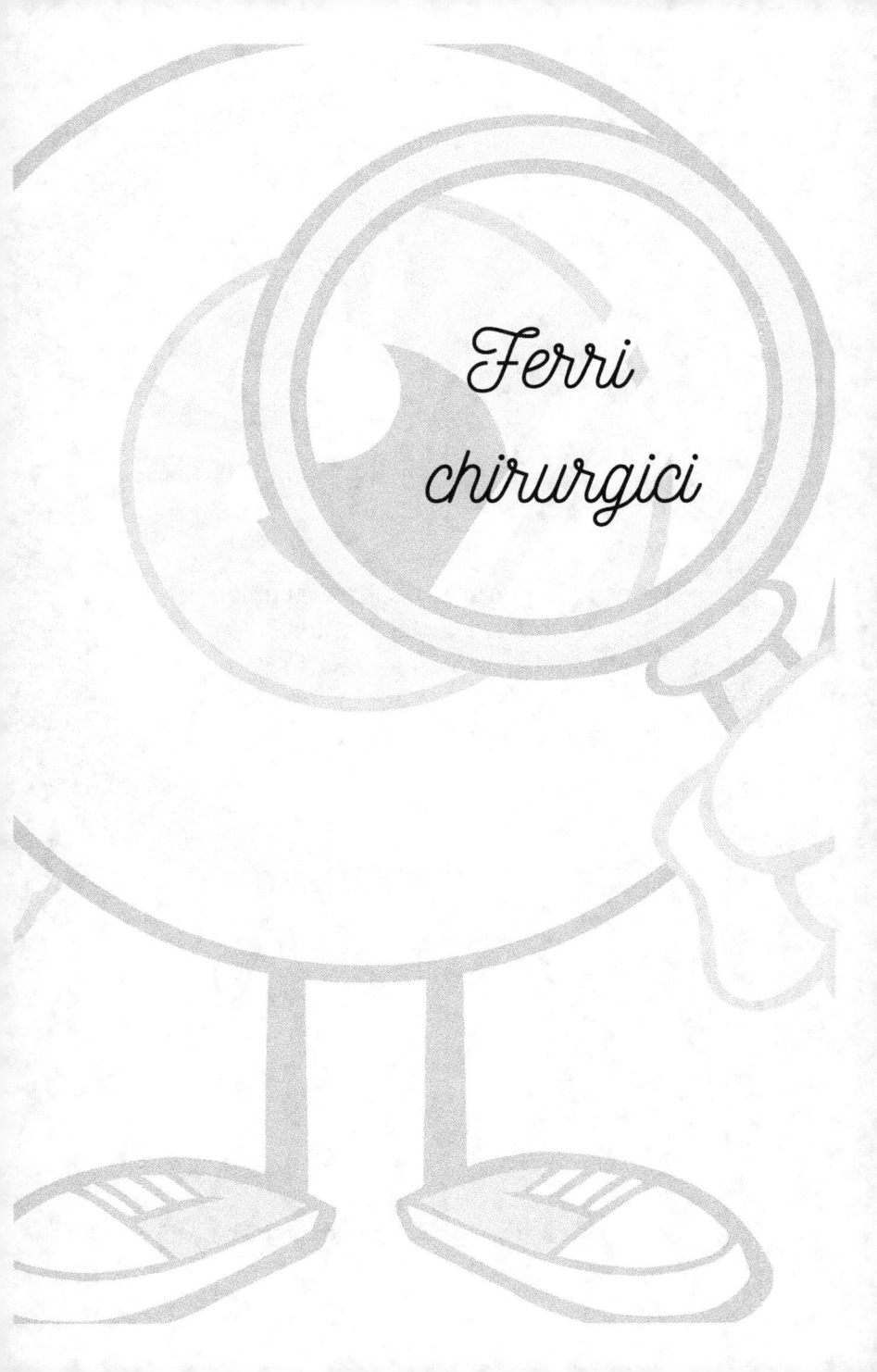

Ferri
chirurgici

Perché il chirurgo oculista è l'unico
a non avere mai problemi
a trovare la rotta quando va in barca?

Perché ha sempre il compasso perfetto!

In vacanza con il chirurgo vitreoretinico

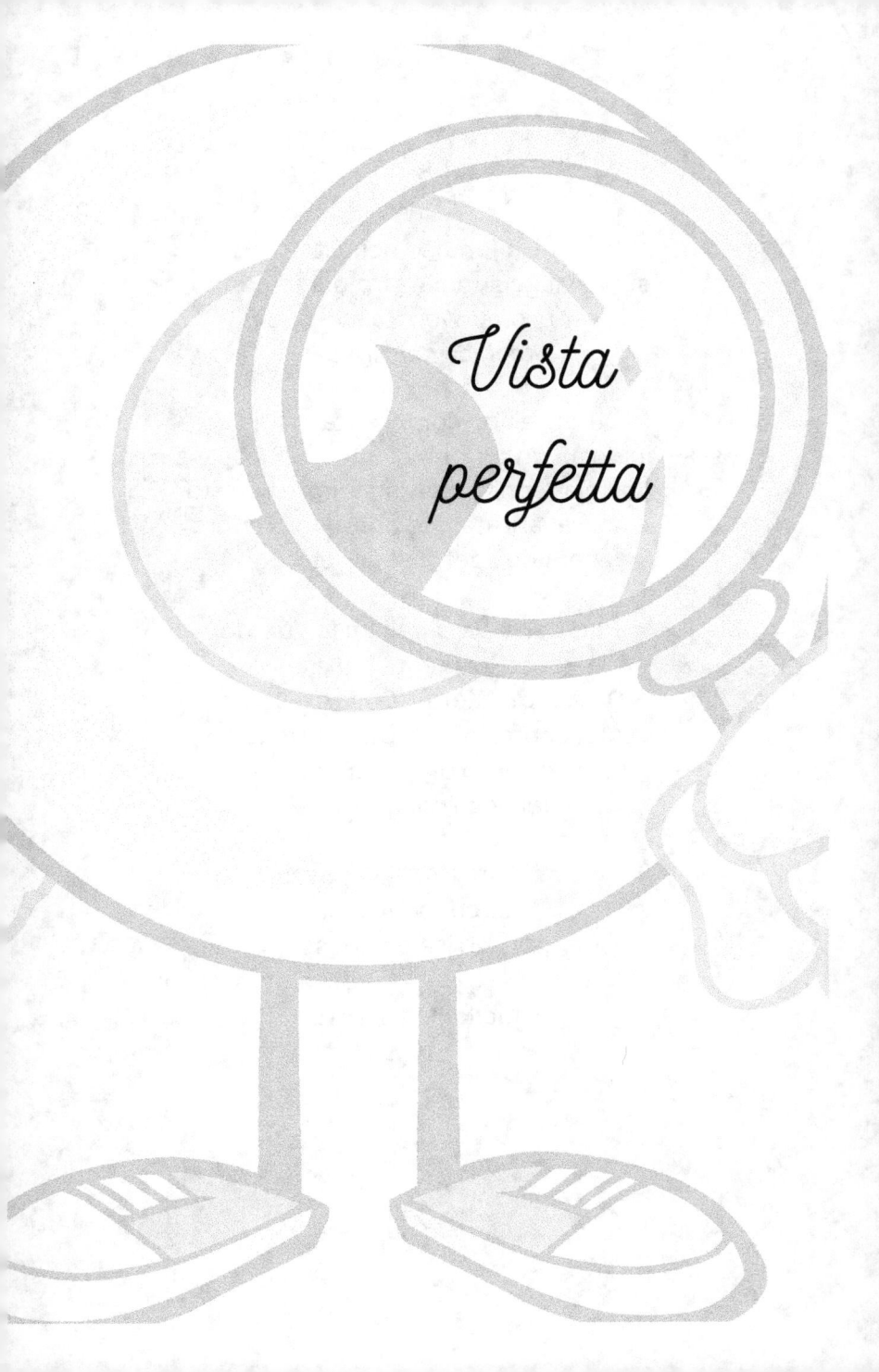

Vista
perfetta

Un famoso oculista
stava viaggiando in giro per il mondo
per promuovere la sua nuova
tecnica chirurgica.

Durante una conferenza in Italia,
si avvicinò ad un gruppo di medici locali e disse:
"La mia tecnica per migliorare la vista
è così avanzata che posso far vedere
persino i dettagli più piccoli!"

Uno dei medici italiani lo guardò
scetticamente e disse:
"Davvero? Allora... Cosa c'è scritto
sulla confezione di quel formaggio
all'interno di quella vetrina
del negozio di fronte?"

L'oculista prese un attimo
per concentrarsi,
poi sorrise e rispose:

"È facile! C'è scritto...
'Made in Italy'!"

Gioca facile il brò!

Miopia

Un uomo va dall'oculista per una visita.
Dopo aver controllato i suoi occhi,
l'oculista dice:
"Sembra che lei abbia una leggera miopia,
ma niente di grave."

L'uomo risponde:
"Miopia? Non può essere, ho una vista perfetta!"

L'oculista sorride e dice:
"Beh, è possibile che lei abbia una vista perfetta...
ma solo quando guarda il menù del ristorante!"

Mio cuggggino ipermetrope il menu non lo vede

Socializzazione

Perché l'oculista è così bravo nei rapporti sociali?
Perché ha sempre una visione d'insieme!

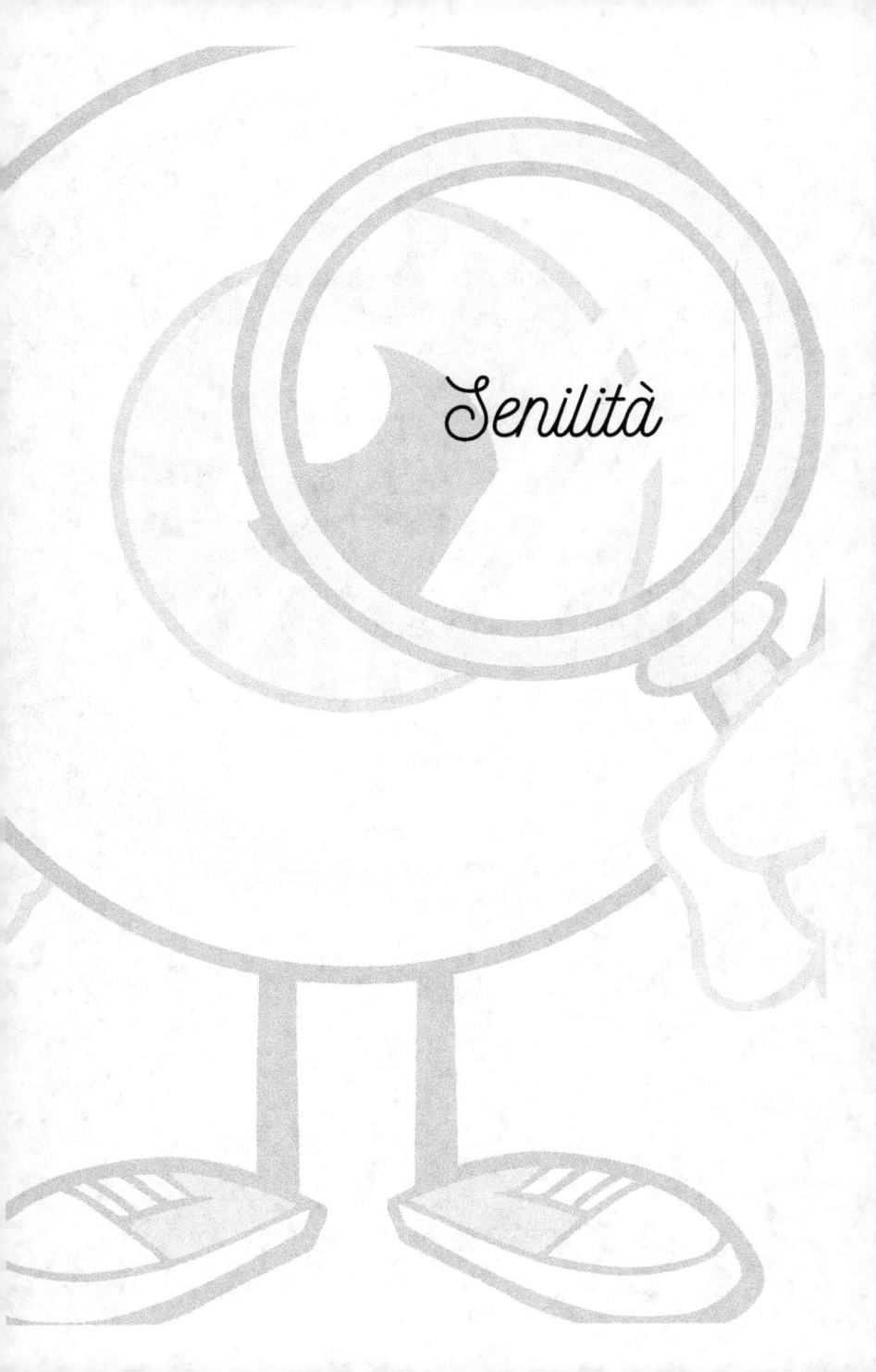

Senilità

Un signore anziano va dall'oculista per un controllo.
Dopo un'attenta esaminazione, l'oculista esclama:
"Signore, lei ha davvero una vista eccezionale
per la sua età!
Potrebbe facilmente guidare senza occhiali!"

L'anziano risponde:
"Beh, grazie, dottore!
Ma devo confessare una cosa...
Io ho un amico che mi guida ovunque.
Non ho mai imparato a guidare in vita mia."

L'oculista è un po' sorpreso e chiede:
"Ma come mai? Perché non ha mai imparato
a guidare?"

L'anziano sospira e dice:
"Ah, sa, anni fa, quando ero giovane,
ho deciso di risparmiare i soldi
per comprare una macchina.
Ma ho speso tutti quei soldi in occhiali!"

Ragazzi... Tutti qui per favore...
Chi ha fatto il visus a quest'uomo?

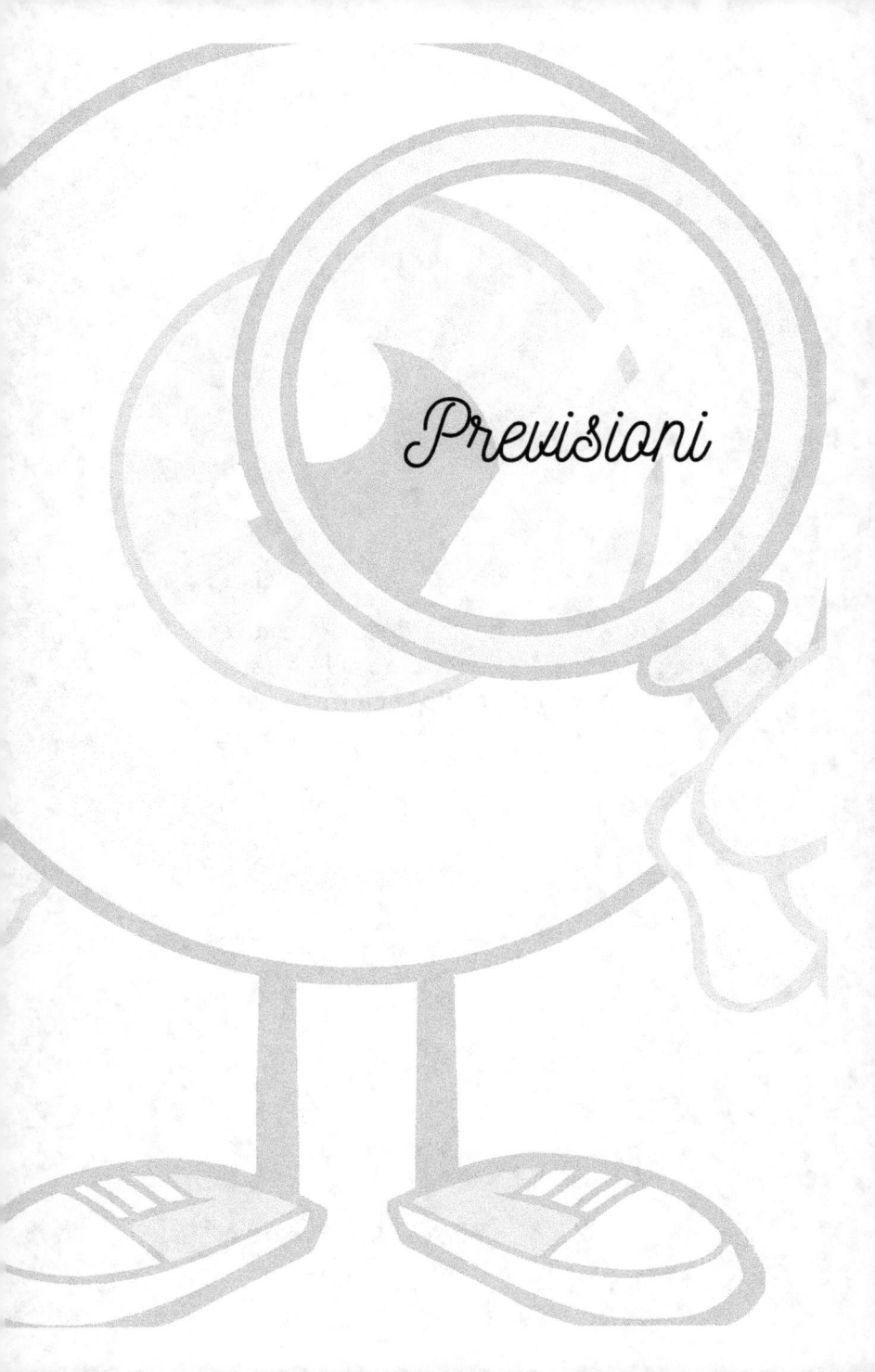

Previsioni

Qual è il giorno preferito dell'oculista?
Il giovedì, perché è vicino al fine settimana
e può "vedere" le vacanze in arrivo!

Sì...

viaggiare

Cosa dice un occhio all'altro quando è in viaggio?
"Spero che tu stia guardando la strada!"

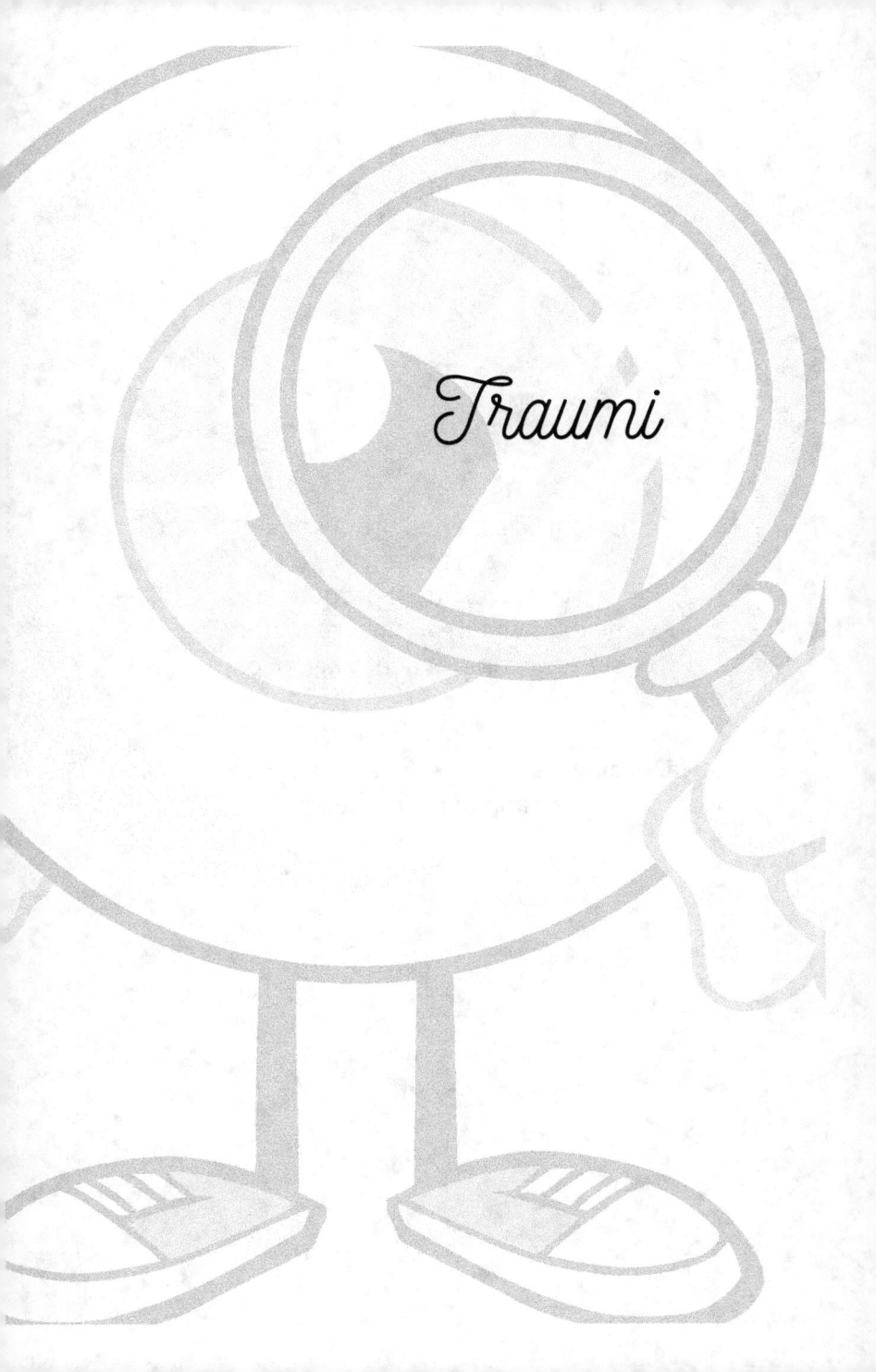

Traumi

Un paziente entra nell'ufficio dell'oculista
e si lamenta:
"Dottore, ho un problema.
Ogni volta che bevo una tazza di caffè,
sento un dolore acuto agli occhi."

L'oculista chiede:
"Hai provato a togliere il cucchiaino dalla tazza
prima di bere il caffè?"

ma porca....

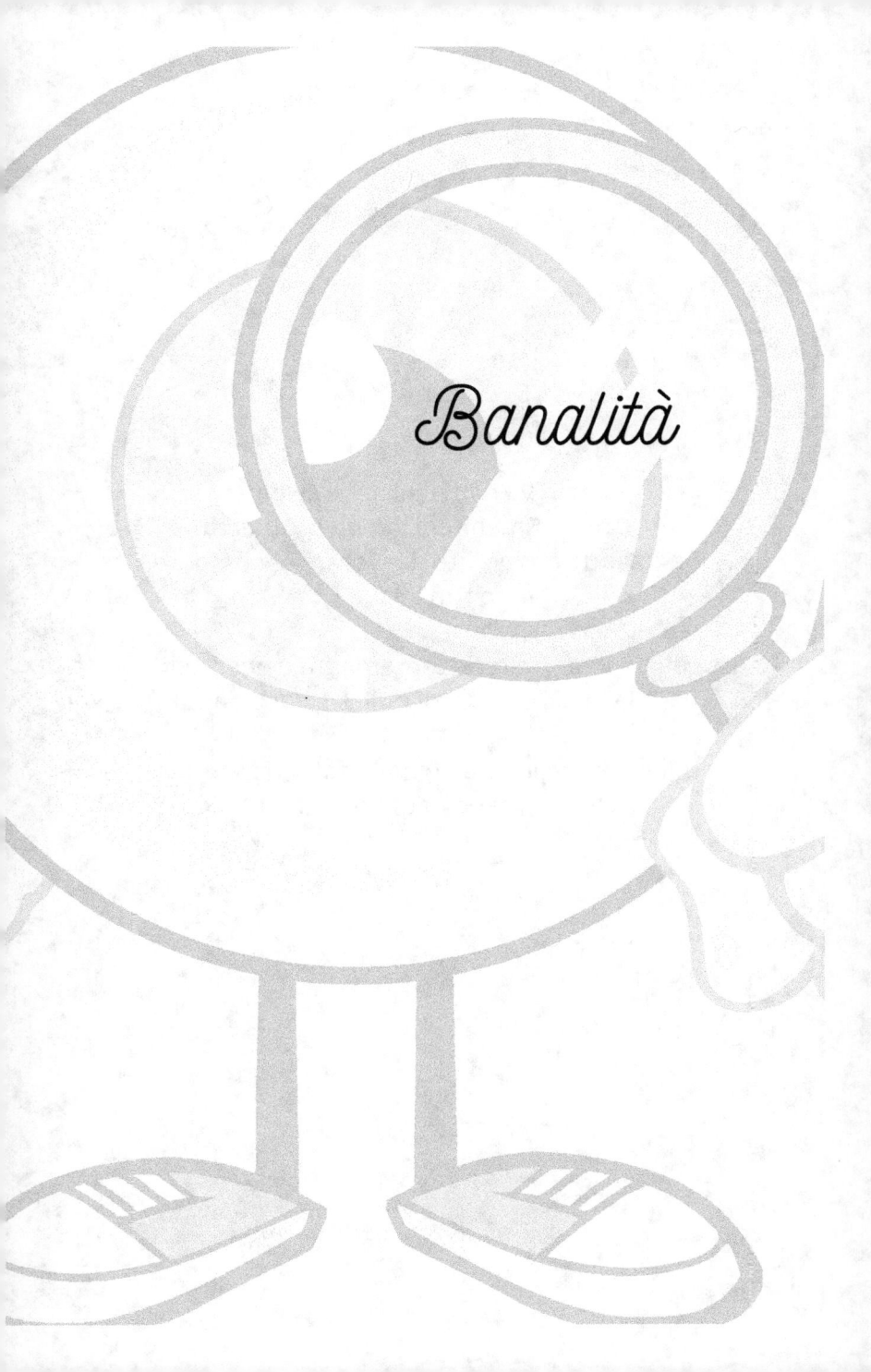

Banalità

Un uomo va dall'oculista e si lamenta:
"Dottor Smenifoni, ho un problema.
Da quando ho iniziato a lavorare al computer,
vedo tutto sfocato."

L'oculista lo esamina attentamente e poi gli chiede:
"Hai mai pensato di pulire gli occhiali?"

Il paziente, un po' imbarazzato, risponde:
"Oh, non sapevo di doverli pulire!

Può andare. Fanno 1000 euro.

Questione
di priorità

Un uomo va dall'oculista per un esame della vista,
e l'oculista inizia a mostrargli le diverse lenti
per scoprire quale funziona meglio per lui.

Oculista: "Allora, quale di queste lenti
è migliore?
La prima o la seconda?"

L'uomo: "Dottore, non riesco a decidere.
La prima mi permette di leggere meglio,
ma la seconda rende
mia moglie più attraente."

Signore, ricordi sempre di prendersi cura
della sua vista e di seguire le raccomandazioni
dell'oculista per ottenere la migliore
correzione visiva possibile.

Stabilire delle priorità...

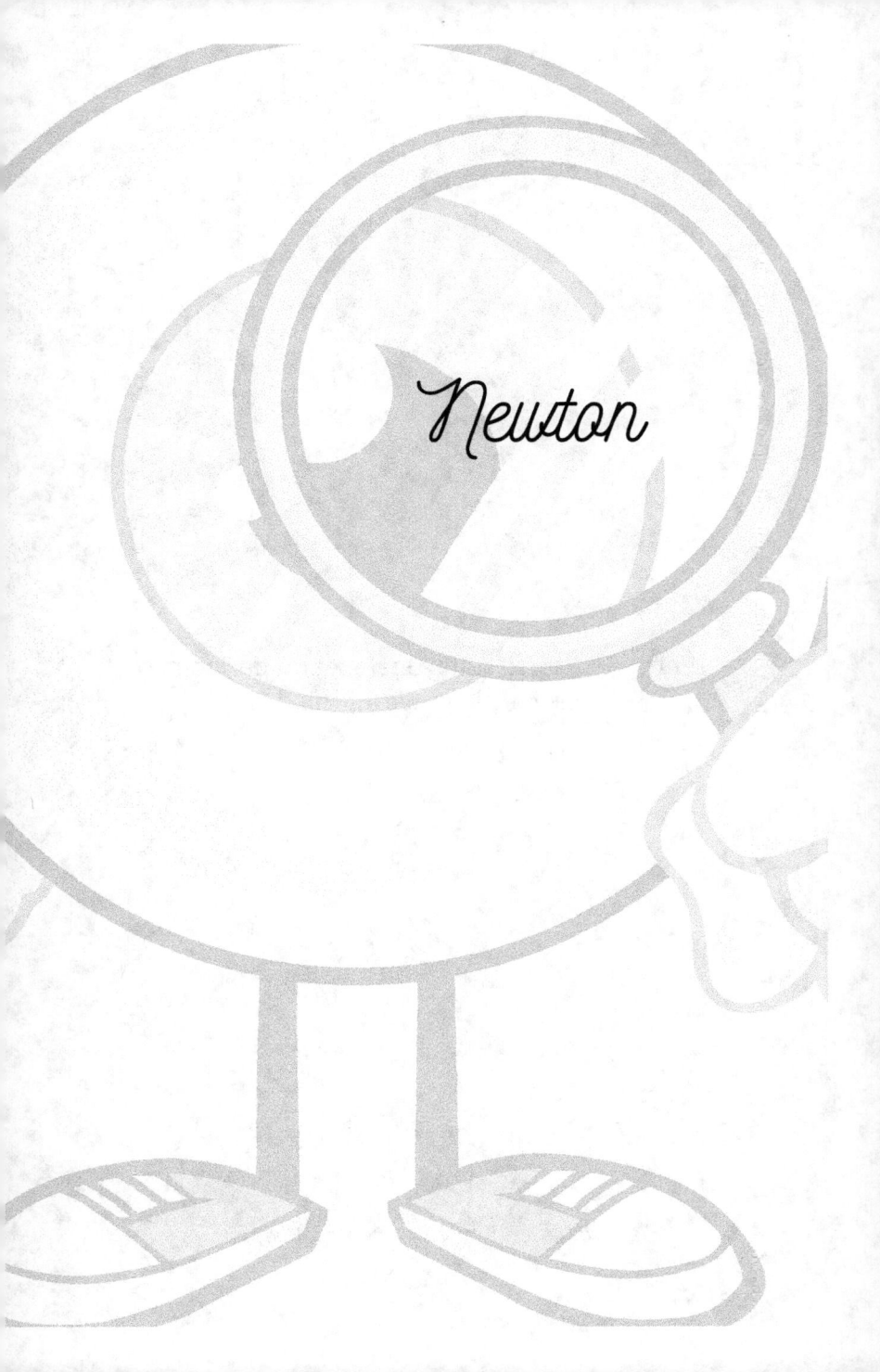
Newton

Perdere la vista sulla luna è meno pericoloso perchè li la gravità è minore

Trasferiamo tutti i pazienti sulla luna

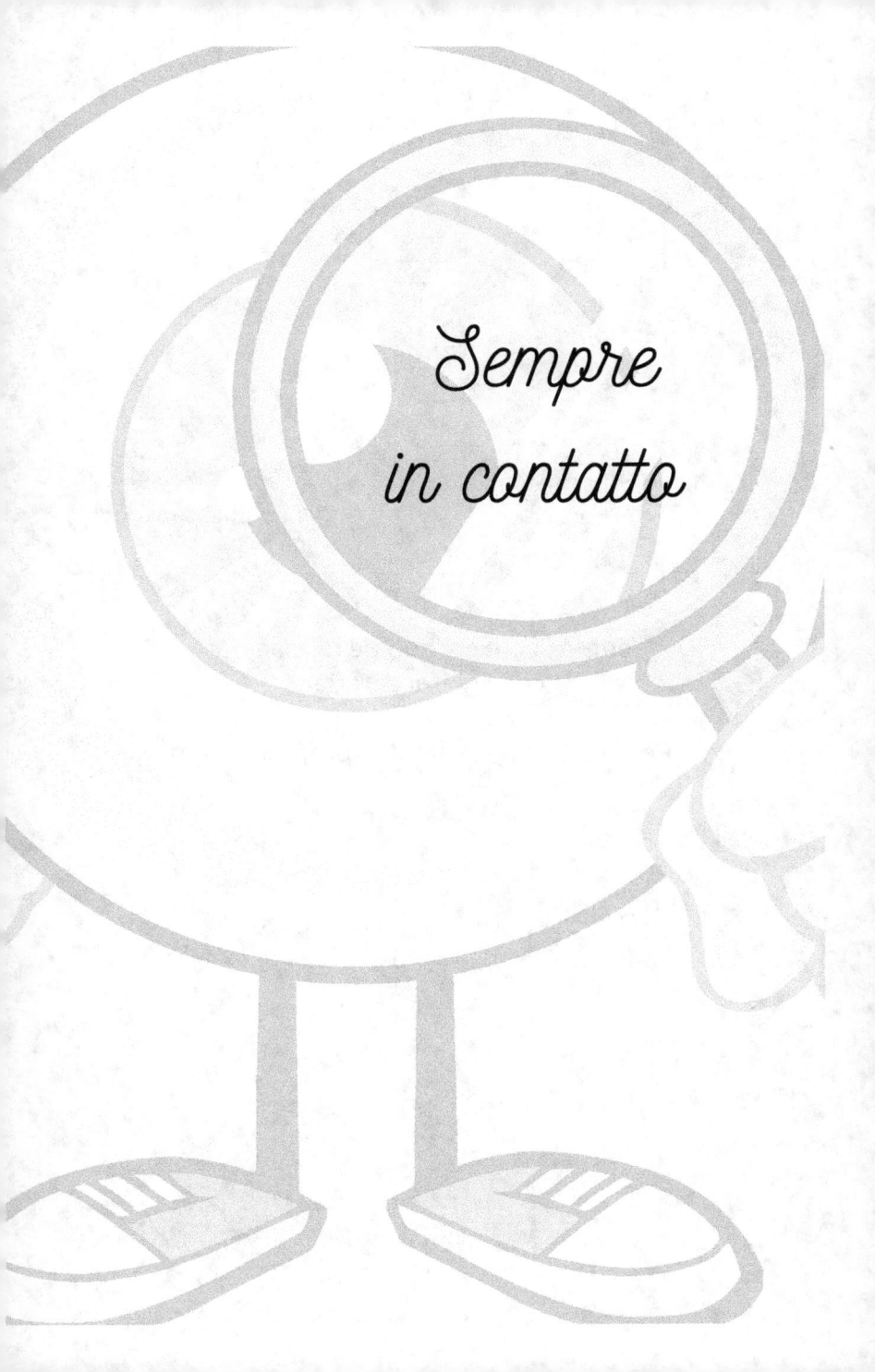

Sempre
in contatto

Perché l'oculista non deve esagerare
con i giorni di ferie?

Per non perdere di vista i propri pazienti!

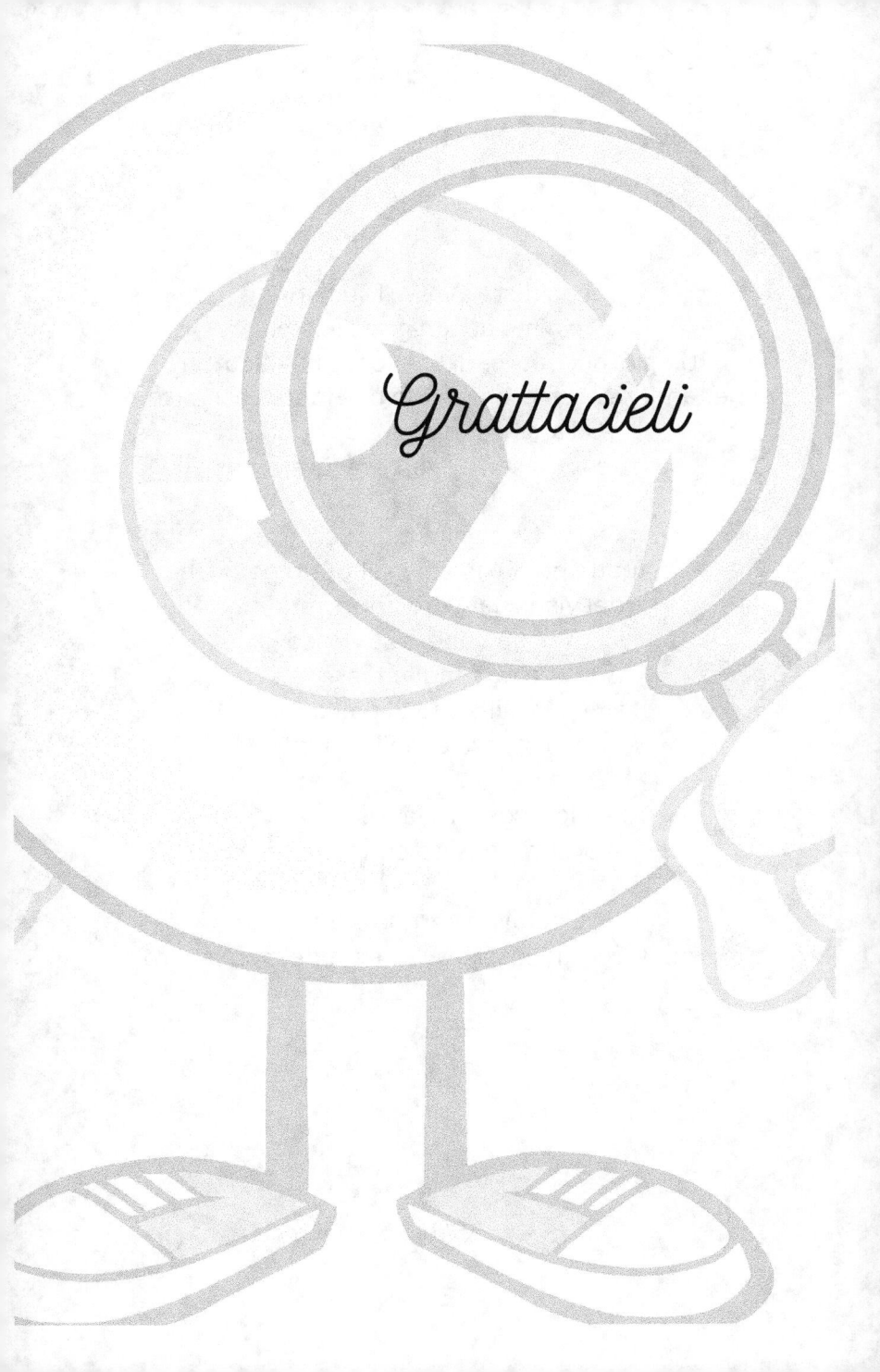

Grattacieli

Un oculista aveva il suo studio
in cima ad un grattacielo.
Un giorno, decise di prendere un elicottero
per andare al lavoro anziché prendere l'ascensore.
Gli amici lo rimproverarono,
dicendo che era un'esagerazione.

L'oculista rispose:
"Sapete, ho deciso di prenderlo per fare
dei visus davvero approfonditi.
Voglio vedere se riesco
a fare individuare
i cartelli stradali dall'alto,
a distanza di chilometri!"

Gli amici scossero la testa e dissero:
"Sei proprio fissato con la vista, eh?"

L'oculista sorrise e disse:
"Beh, devo pur essere all'altezza del mio lavoro!"

Ma quello è Batman?

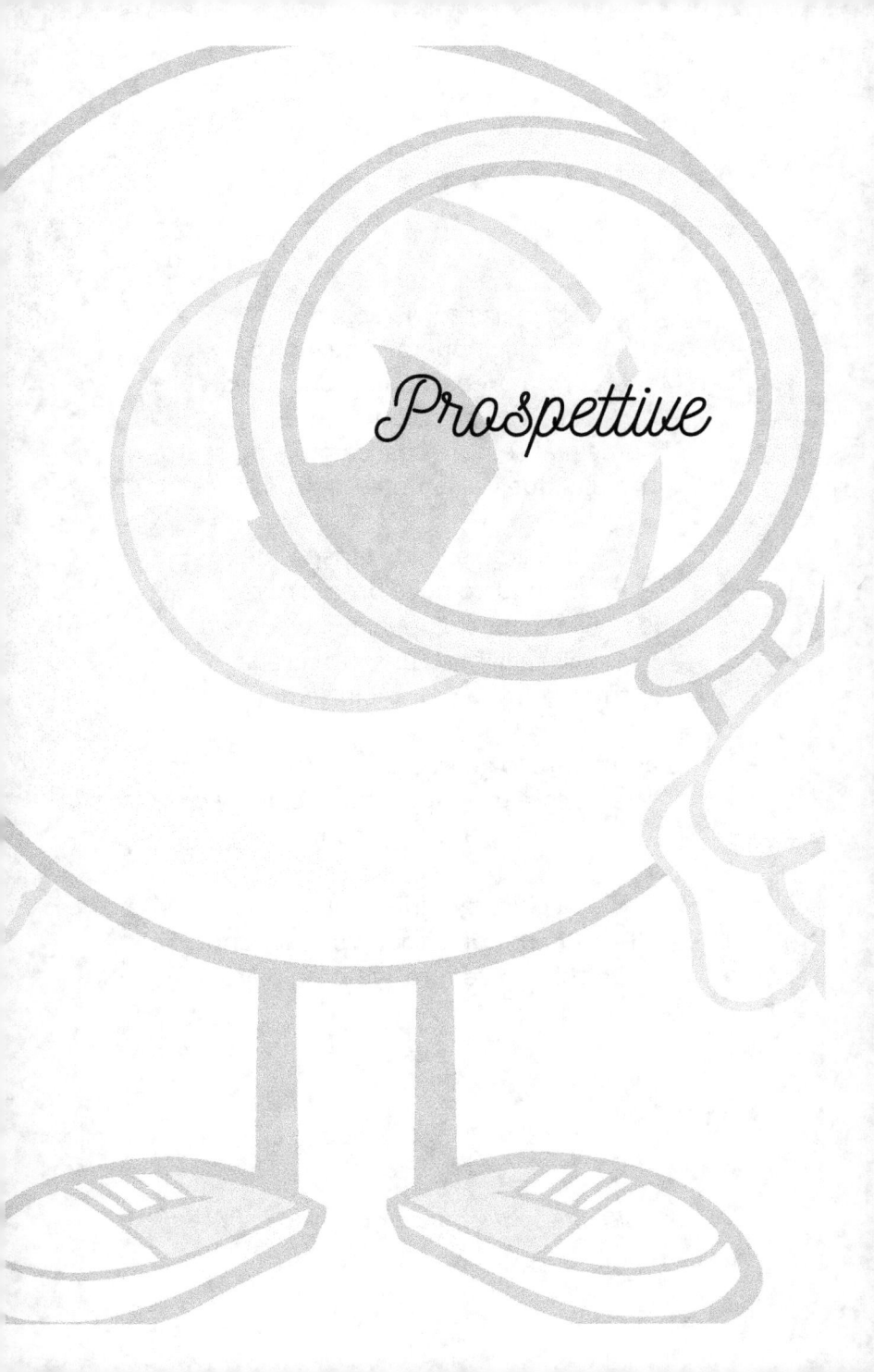

Prospettive

Un chirurgo vitreoretinico
sta per iniziare un'operazione molto delicata.
Mentre si sta preparando, il suo assistente
gli chiede:
"Come mai sembra così calmo e rilassato
prima di questa complessa procedura?"

Il chirurgo sorride e risponde:
"Sai, è tutto nella prospettiva.
Se penso a questa operazione come una
passeggiata su una passerella,
tutto sembra molto più semplice!"

L'assistente lo guarda perplesso e chiede:
"Ma questa è un'operazione chirurgica
delicata agli occhi!"

Il chirurgo ride e replica:
"Proprio per questo, caro assistente.
Dobbiamo vedere il lato positivo!"

Ok assistente... adesso stai zitto e mettiamo i trocar...

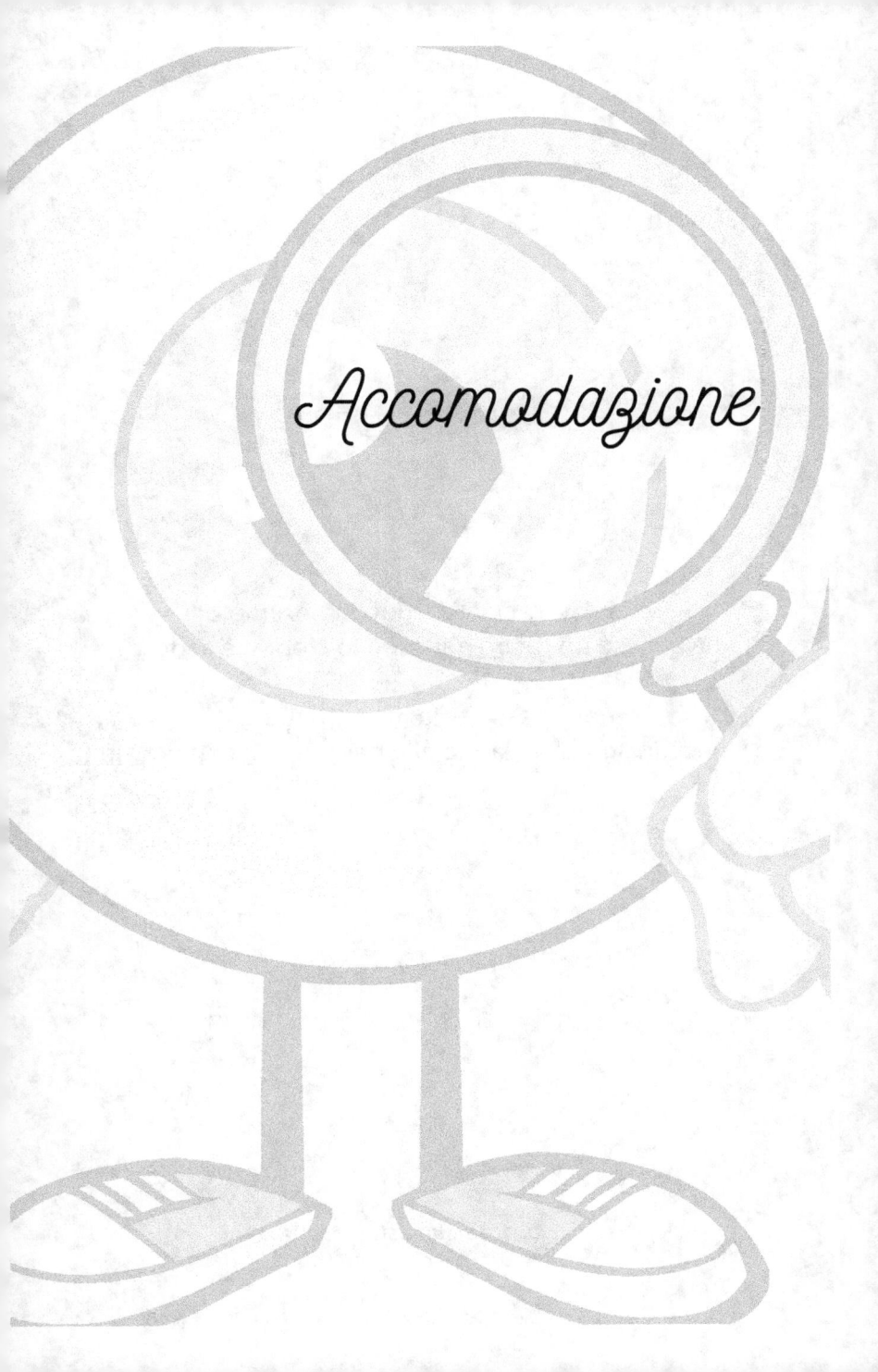

Accomodazione

Perché lo specializzando in oftalmologia
ha acceso un <u>fuoco</u> nel camino e poi si è <u>seduto</u>?

Per ripassare la <u>messa a fuoco</u>
e i meccanismi che stanno alla base dell'<u>accomodazione.</u>

Basato su una storia vera

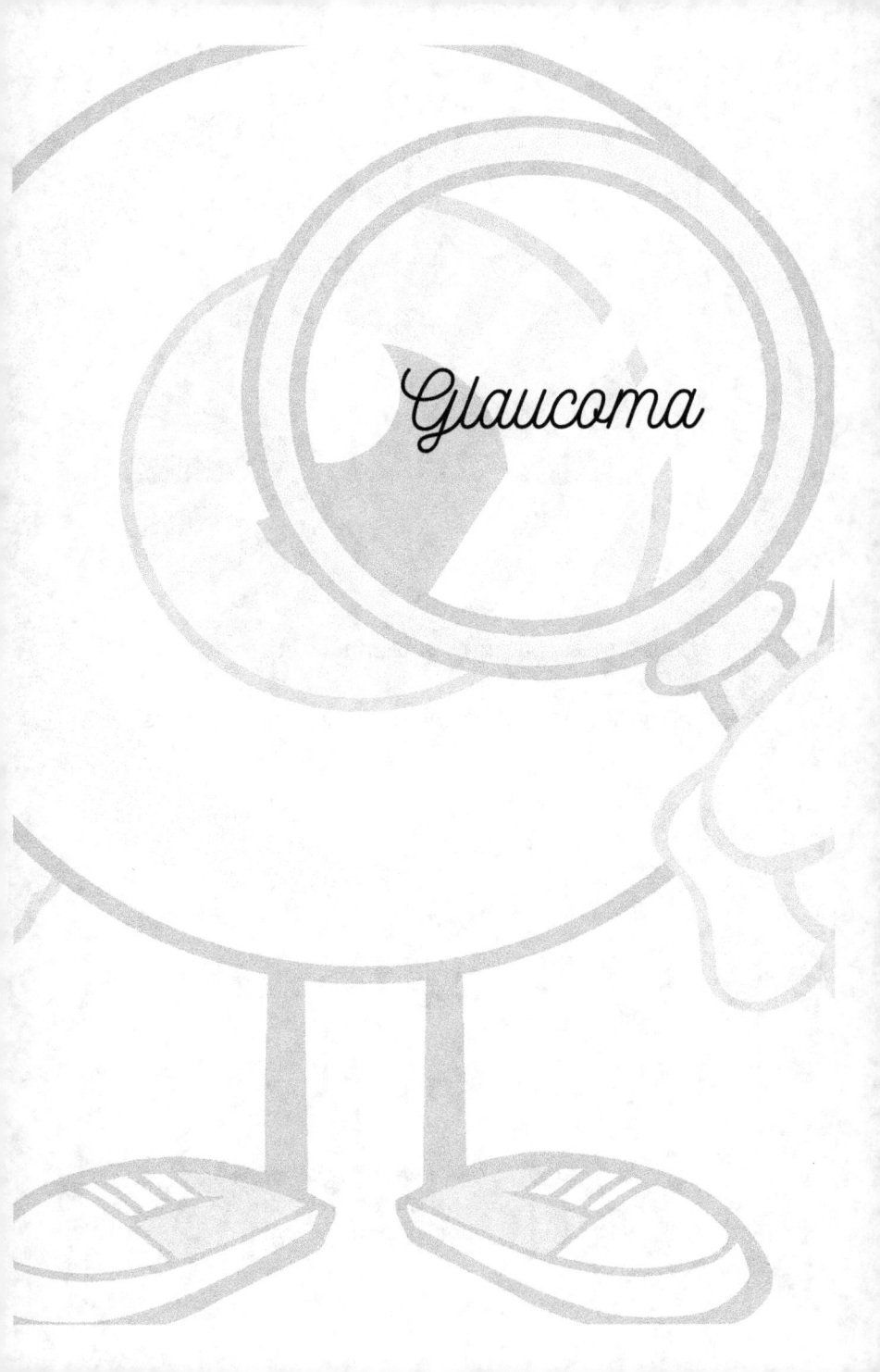

Glaucoma

Perché il glaucoma non viene mai invitato alle feste?

Perché rovina sempre l'atmosfera con la sua pressione!

Buttafuori: ALT!!! Dove sta andando?
Glaucoma: Sono un glaucoma sine tensione
Buttafuori: Prego, si accomodi.

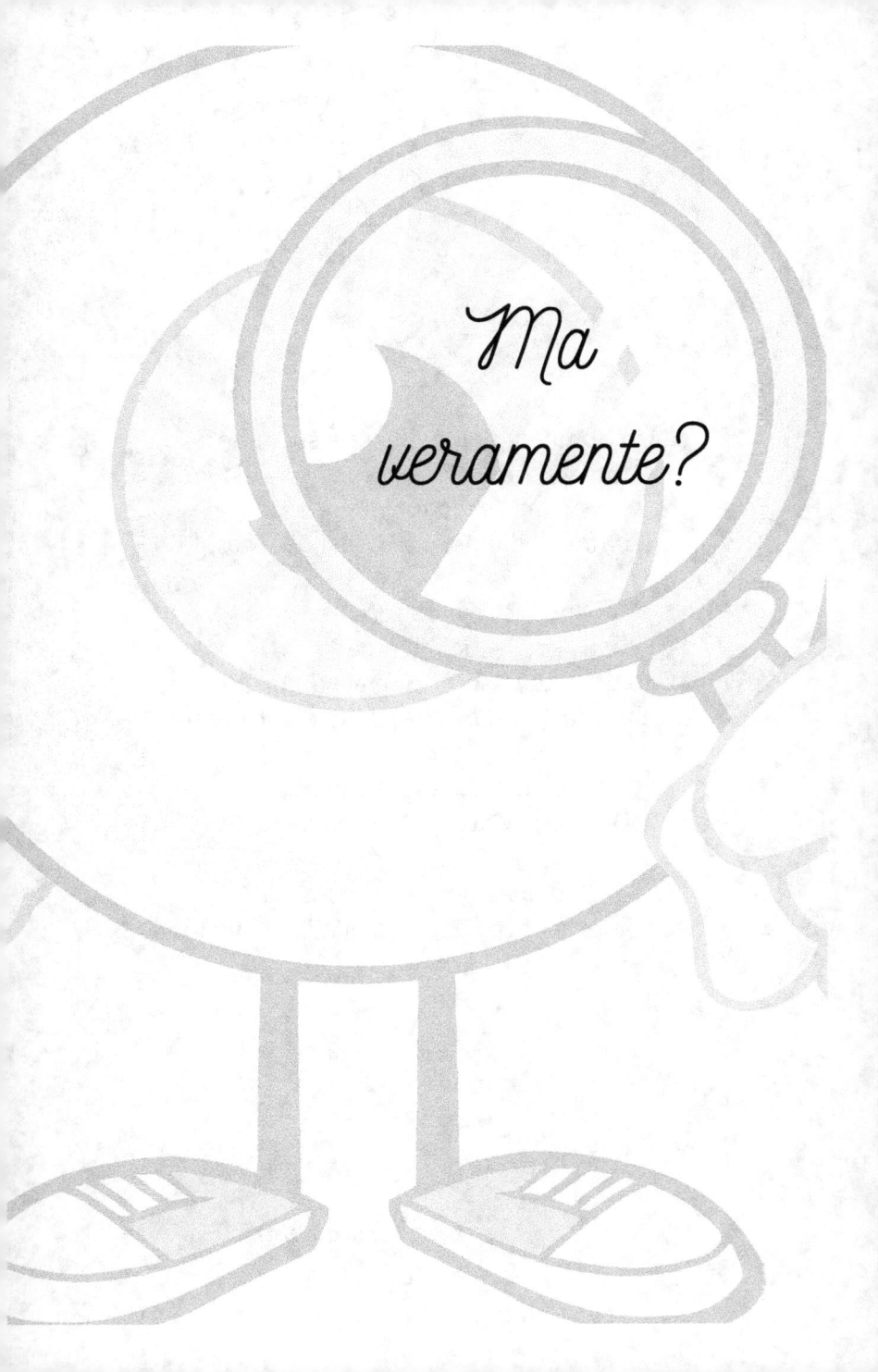

Un uomo va dall'oculista e si lamenta:
"Dottore, ho un problema in palestra.
Non riesco mai a vedere
il numero del peso sui pesi da vicino!"

L'oculista gli fa fare un visus
e poi gli dice:
"Ho trovato la soluzione al suo problema.
Ora vedrà il numero del peso chiaramente."

L'uomo, felice, chiede:
"Davvero, dottore? Come ha fatto?"

L'oculista sorride e risponde:
"Le ho prescritto degli occhiali... da vicino!"

Che stregoneria è mai questa?

Notizie

Un uomo va dall'oculista
per un esame della vista.
Dopo aver esaminato attentamente
gli occhi del paziente,
l'oculista dice: "Ho una buona notizia
ed una cattiva notizia."

Il paziente, un po' preoccupato, chiede:
"Bene, dottore, qual è la buona notizia?"

L'oculista sorride e risponde:
"La buona notizia è che ho appena vinto
alla lotteria!"

Il paziente è un po' confuso e chiede:
"E la cattiva notizia?"

L'oculista si gratta la testa e dice:
"La cattiva notizia è che dovrà comprare
degli occhiali nuovi per vedere quanto ho vinto!"

*Devo pagare la visita o, visto che ha vinto
alla lotteria,
non serve?*

E l'oculista mutoooooooooo!

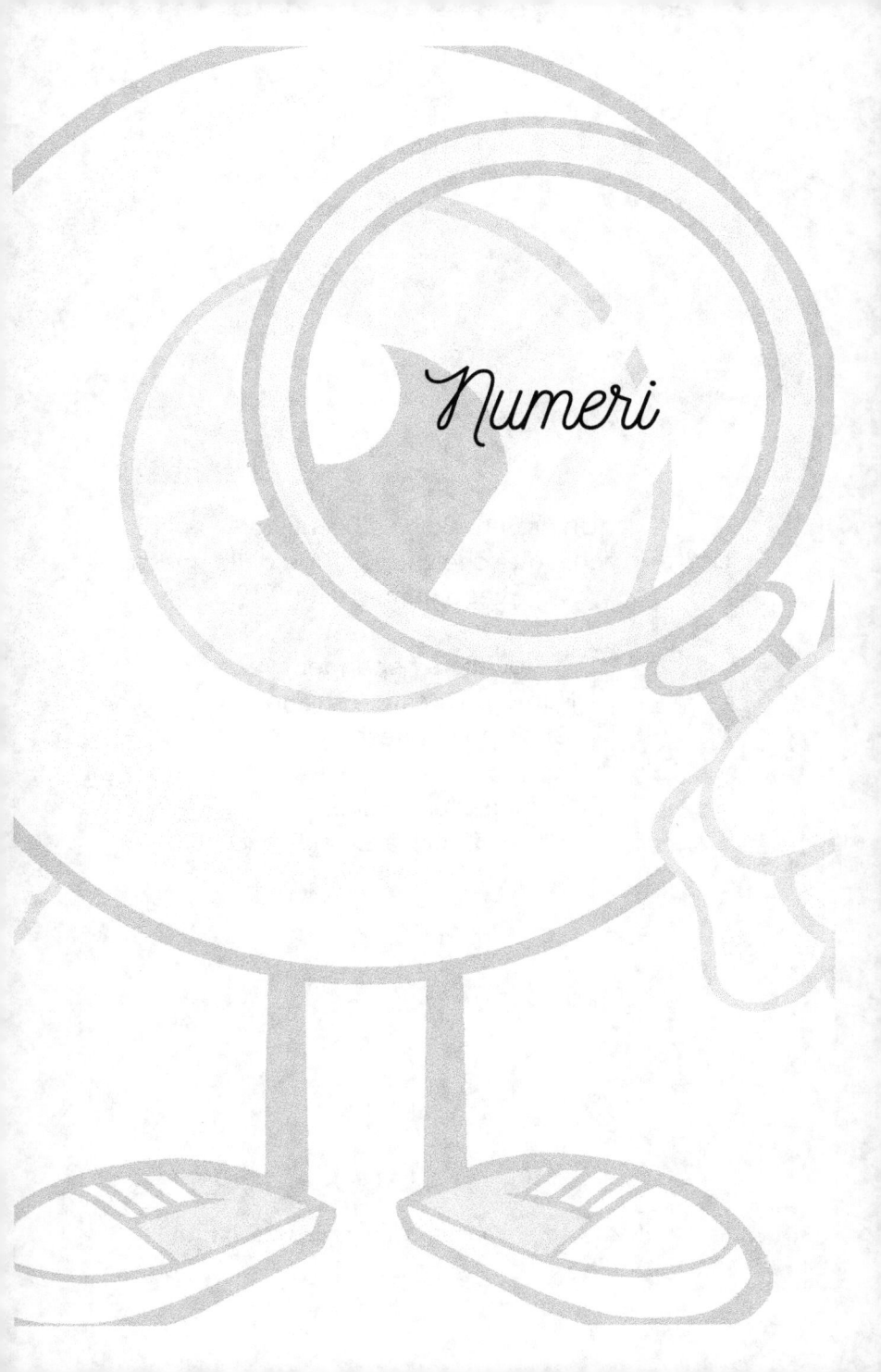

Numeri

Un paziente dice all'oculista:
"Dottore, ogni volta che guardo fuori dalla finestra,
vedo numeri!"

L'oculista risponde:
"Numeri? Questo è strano.
Che tipo di finestra ha?"

Il paziente dice:
"Una finestra Excel!"

Utilizzi Word. C'è anche Pages se usa Macintosh.

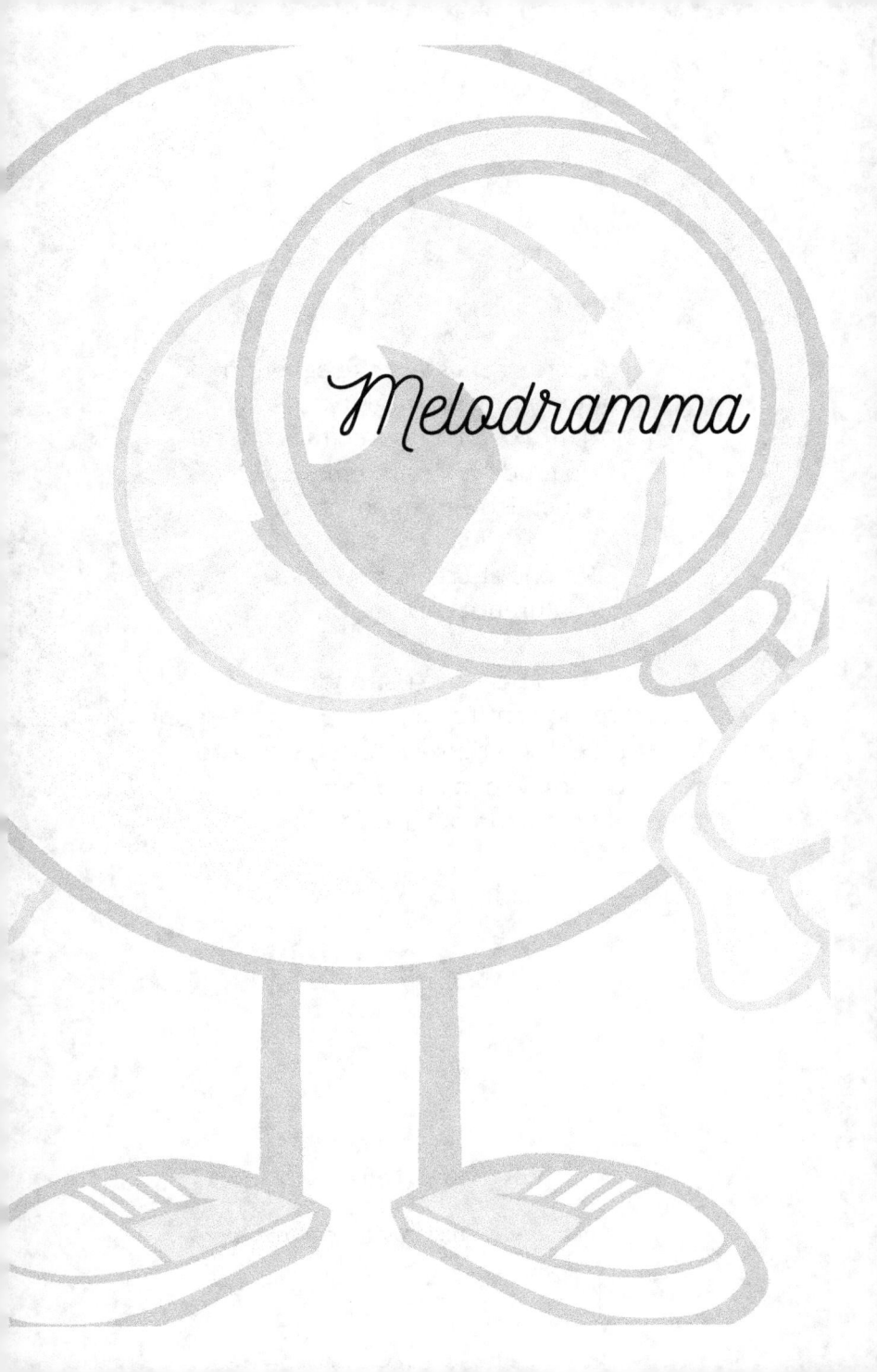

Melodramma

Mentre l'oculista sta eseguendo
un intervento chirurgico agli occhi,
il paziente comincia a recitare poesie
in modo melodrammatico.
L'oculista, confuso, chiede:
"Ma cosa fa?
Perché sta recitando poesie
durante l'operazione?"

Il paziente risponde:
"Dottore, ho sentito dire che questa sarebbe
stata un'esperienza da occhio aperto,
quindi ho pensato di contribuire
con un po' di cultura!"

Chiamatemi l'anestesista per favore!

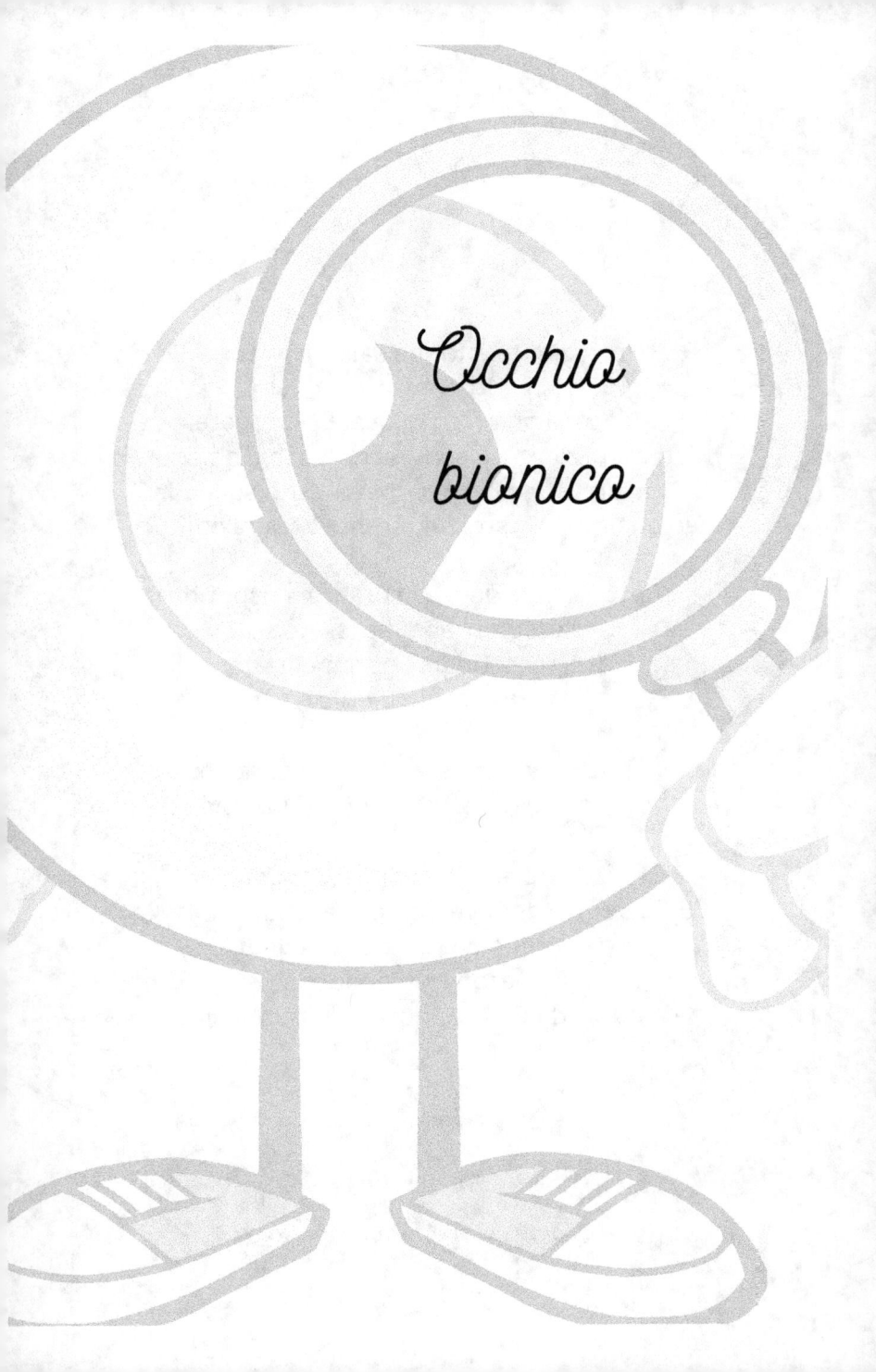

Occhio
bionico

Un paziente entra in sala operatoria
per un intervento agli occhi.
Mentre il chirurgo oculista si prepara,
il paziente inizia a sentirsi nervoso e chiede:
"Dottore, sono preoccupato. Cosa succede
se qualcosa va storto durante l'operazione?"

Il dottore sorride rassicurante e risponde:
"Nessun problema, signore.
In caso di errore, trasformeremo il suo occhio
in un occhio bionico!"

Il paziente si rilassa e chiede curioso:
"Un occhio bionico? E come funziona?"

Il dottore, scherzando, replica:
"Beh, se guarderà verso destra, vedrà Netflix;
se guarderà verso sinistra, vedrà
Amazon Prime Video.
E se guarda dritto, vedrà solo pubblicità!"

Quanto durano gli abbonamenti?

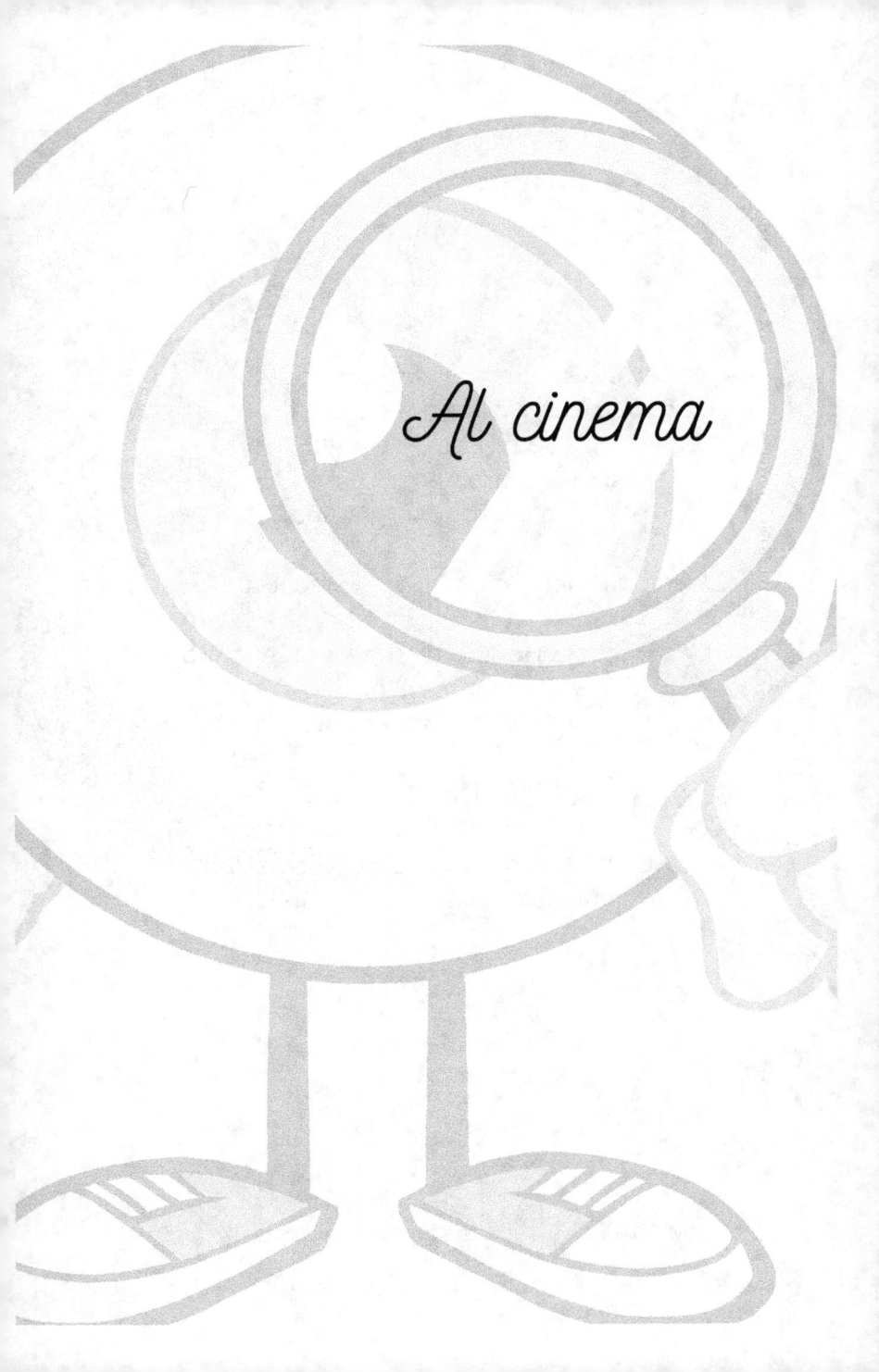

Al cinema

Un oculista entra in un cinema
e si siede per guardare un film.
Dopo un po', inizia a notare che la persona
seduta accanto a lui
sta costantemente coprendosi
un occhio con la mano.

L'oculista, incuriosito, si gira verso il suo vicino
e dice:
"Mi scusi... Ho notato che state tenendo
una mano sull'occhio.
Avete qualche problema alla vista?"

Il suo vicino risponde:
"Oh, no, la mia vista è perfetta!
Sto solo cercando di evitare di vedere
il finale di questo film orribile!"

Ma i trailer lei li guarda prima di venire al cinema?

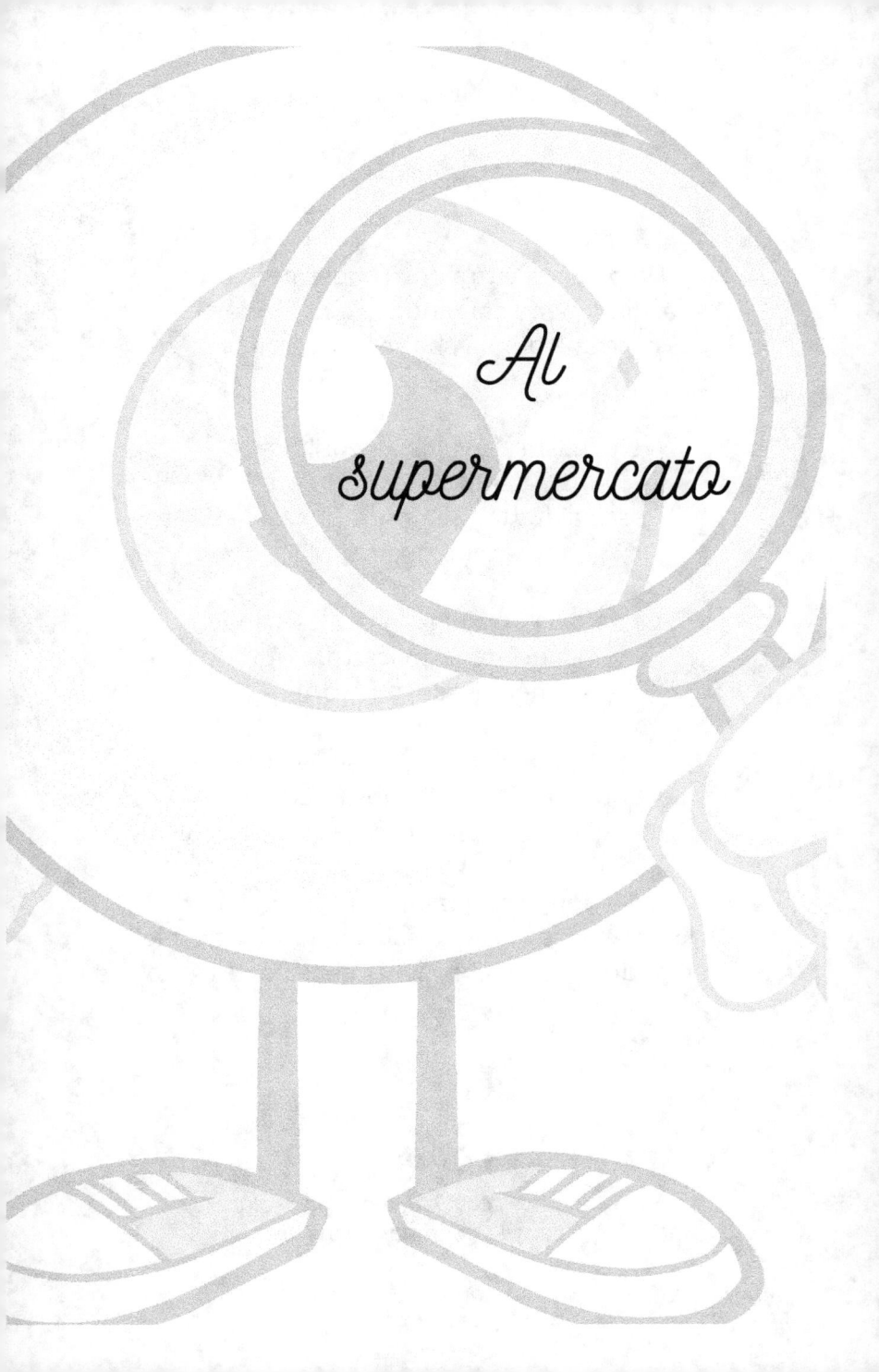

Al
supermercato

Un oculista entra in un supermercato
e, mentre sta cercando alcuni prodotti,
nota una donna che sembra confusa
e spaesata.

L'oculista si avvicina gentilmente
e le chiede:
"Posso aiutarla? Sembrerebbe che stia
cercando qualcosa."

La donna risponde: "Sì, sto cercando
le lenti a contatto,
ma non riesco a trovarle!"

L'oculista, un po' perplesso, le chiede:
"Le lenti a contatto? Qui in supermercato?
Credo che sia meglio cercare in un ottica!"

La donna si illumina ed esclama:
"Oh, scusate, pensavo stessi dicendo 'lenticchie'!
Sto cercando le lenticchie per la cena! Sa dove sono?"

*... alla fine l'oculista andò a congelarsi
il cervello nel reparto surgelati*

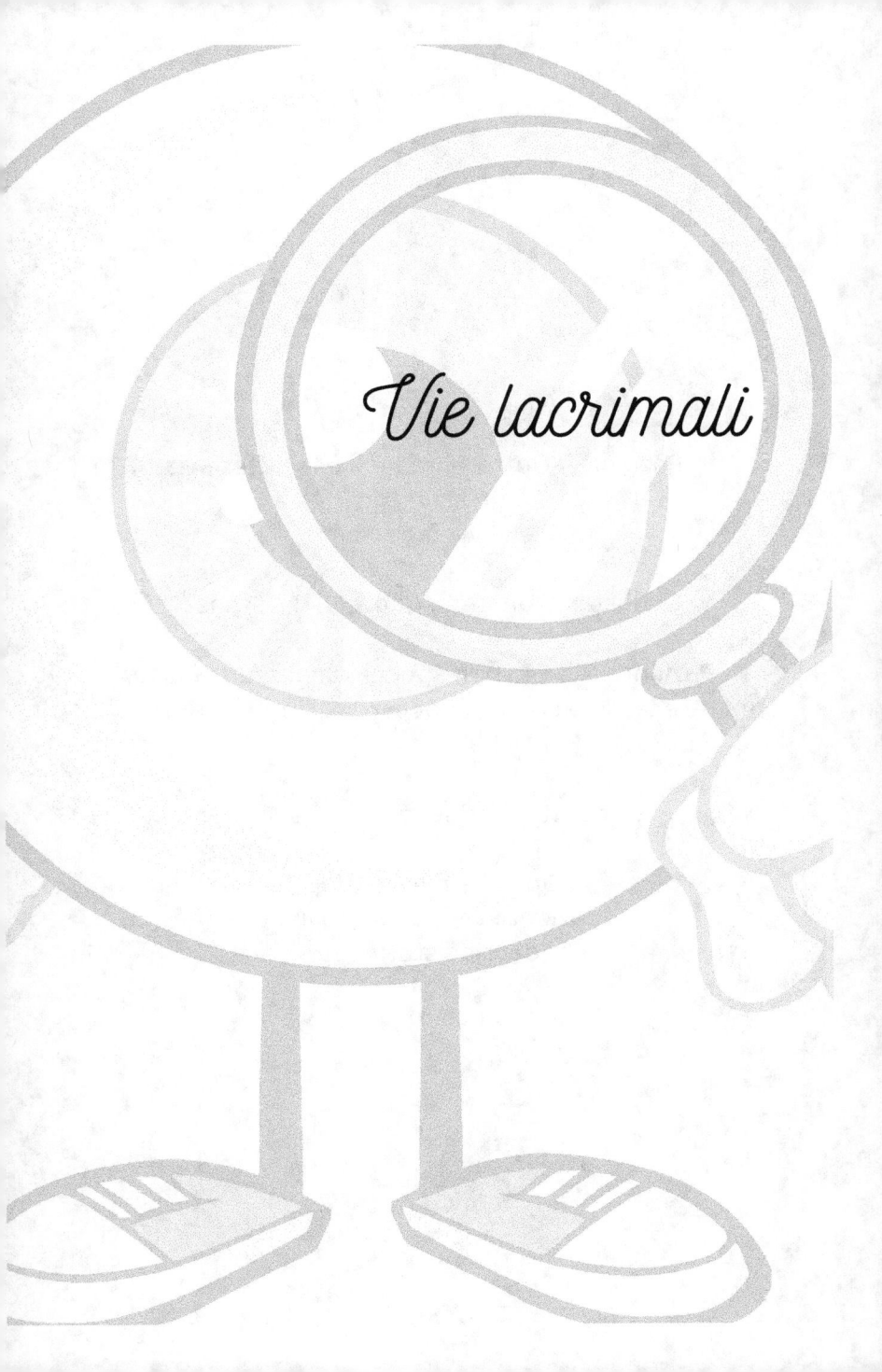

Vie lacrimali

Paziente: "Dottore, sa qual è la differenza
tra un lago
e le vie lacrimali?"

Oculista: "Non lo so, qual è la differenza?"

Paziente: "Il lago non sbocca da nessuna parte,
mentre le vie lacrimali sboccano all'interno del naso?
hahahahah"

L'oculista sorride ma non risponde:

Qualche minuto dopo
il paziente venne messo in nota
per dacriocistorinostomia

Se l'è chiamata

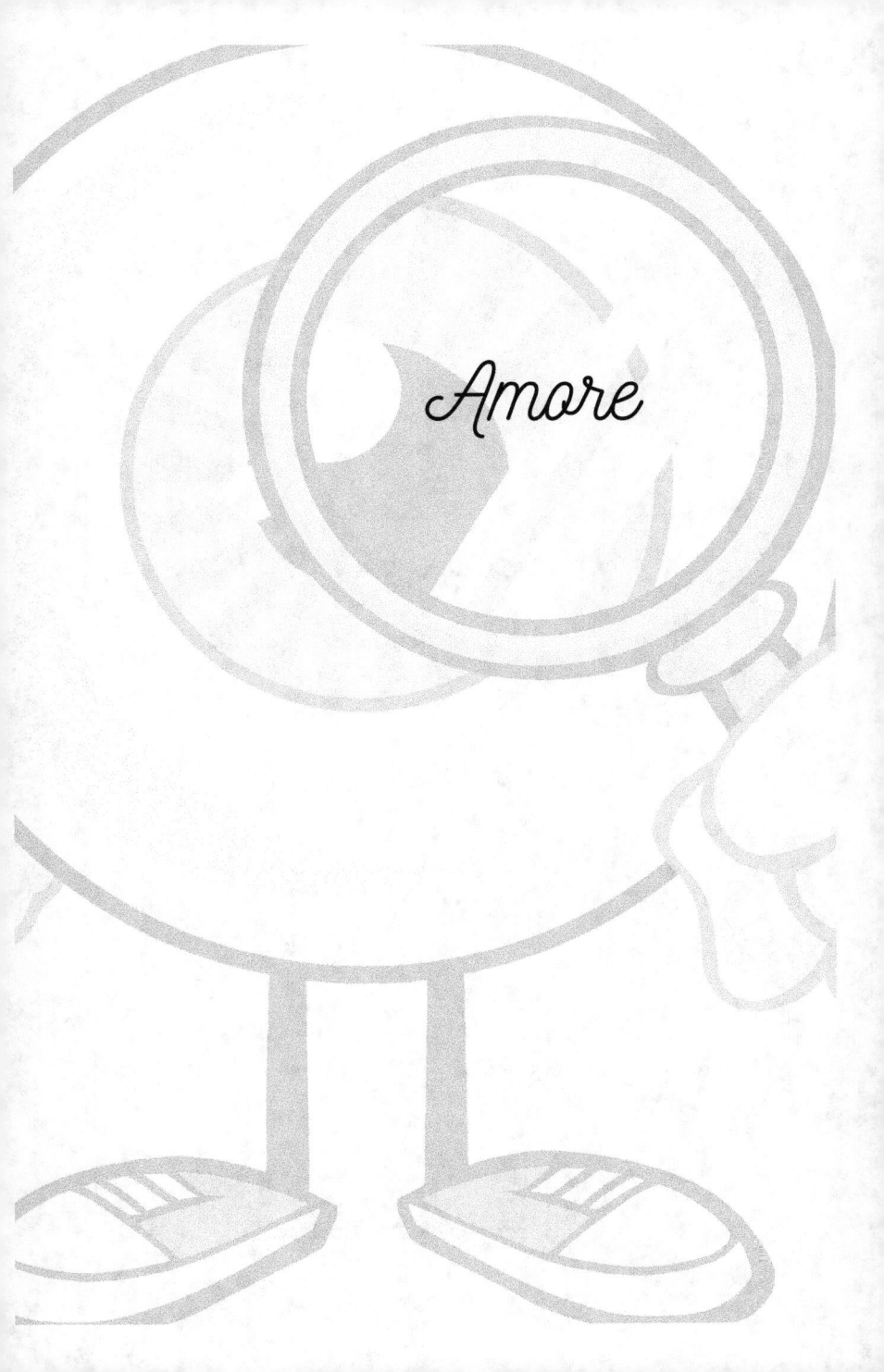

Amore

Ciao tesoro! Che fai?

Stavo andando a farmi una visita oculistica

E poi?

E poi ci vediamo . . .

Scusa, in che "senso"?

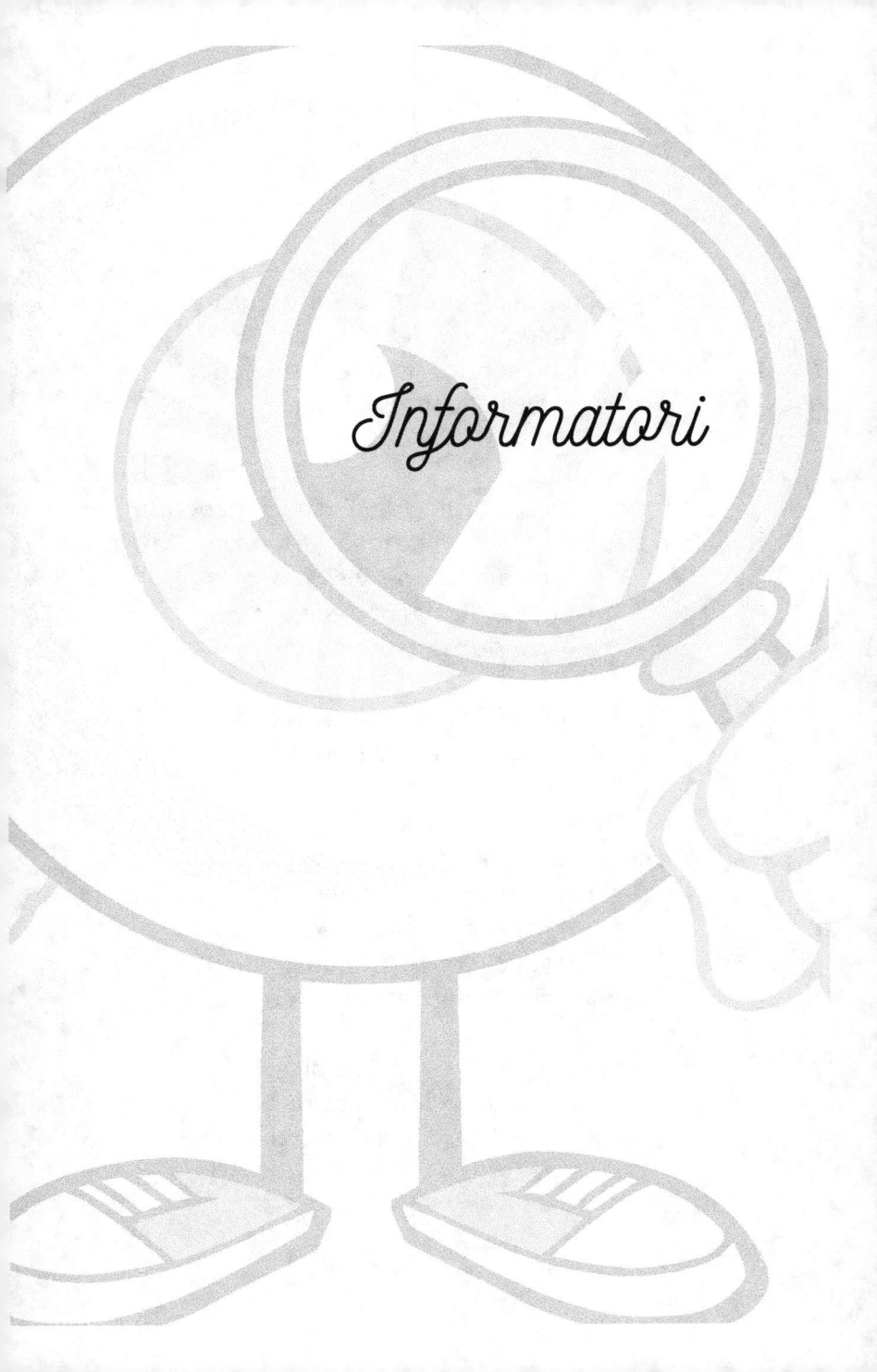

Informatori

Un oculista chiede ad un informatore scientifico del farmaco:
"Amico, ho sentito parlare di un nuovo farmaco miracoloso.
Cos'è?"

L'informatore scientifico del farmaco risponde:
"Oh sì, quello li... È un farmaco straordinario!
Si chiama 'SuperVisione'.
Promette di migliorare la vista in modo eccezionale."

L'oculita è interessata e chiede:
"Funziona davvero?"

L'informatore scientifico spiega:
"Sì, ci sono stati studi clinici che dimostrano miglioramenti significativi nella vista.
Ma prima di prenderlo, assicurati di consultare un medico per verificarne l'adeguatezza per te."

L'oculita annuisce e dice:
"Grazie per l'informazione.
Andrò a parlare con il mio oculista!"

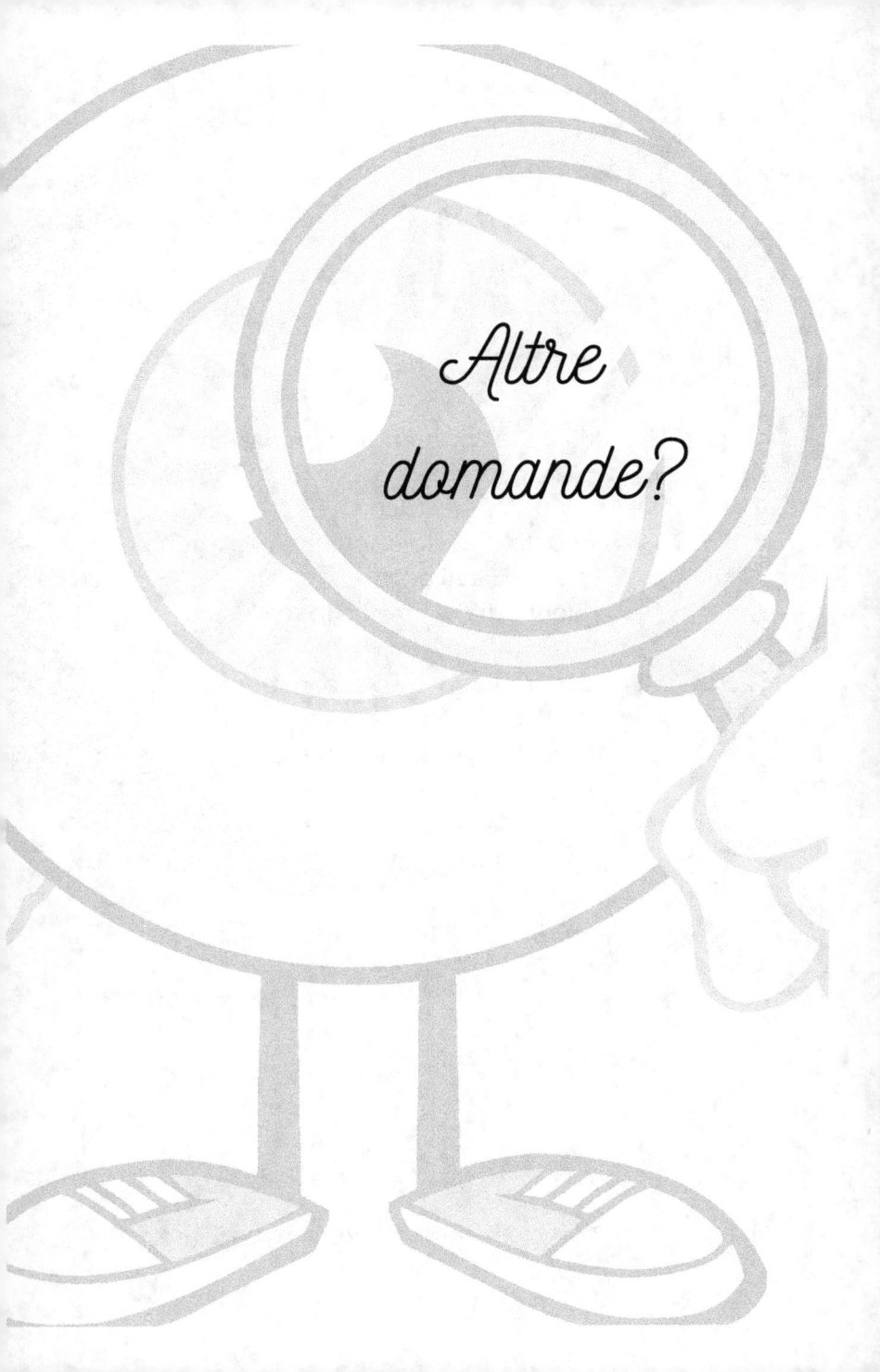

Altre
domande?

Un oculista sta preparando un paziente
per un intervento agli occhi
e gli dice:
"Stia tranquillo, questa è solo un'operazione
agli occhi,
niente di cui preoccuparsi."

Il paziente, un po' nervoso, risponde:
"Sì, lo so, dottore.
Ma sa, ho solo una domanda...

"Mi dica pure"
dice il dottore:

"Dove metto gli occhiali durante l'operazione?"

Passatemi il blefarostato per favore

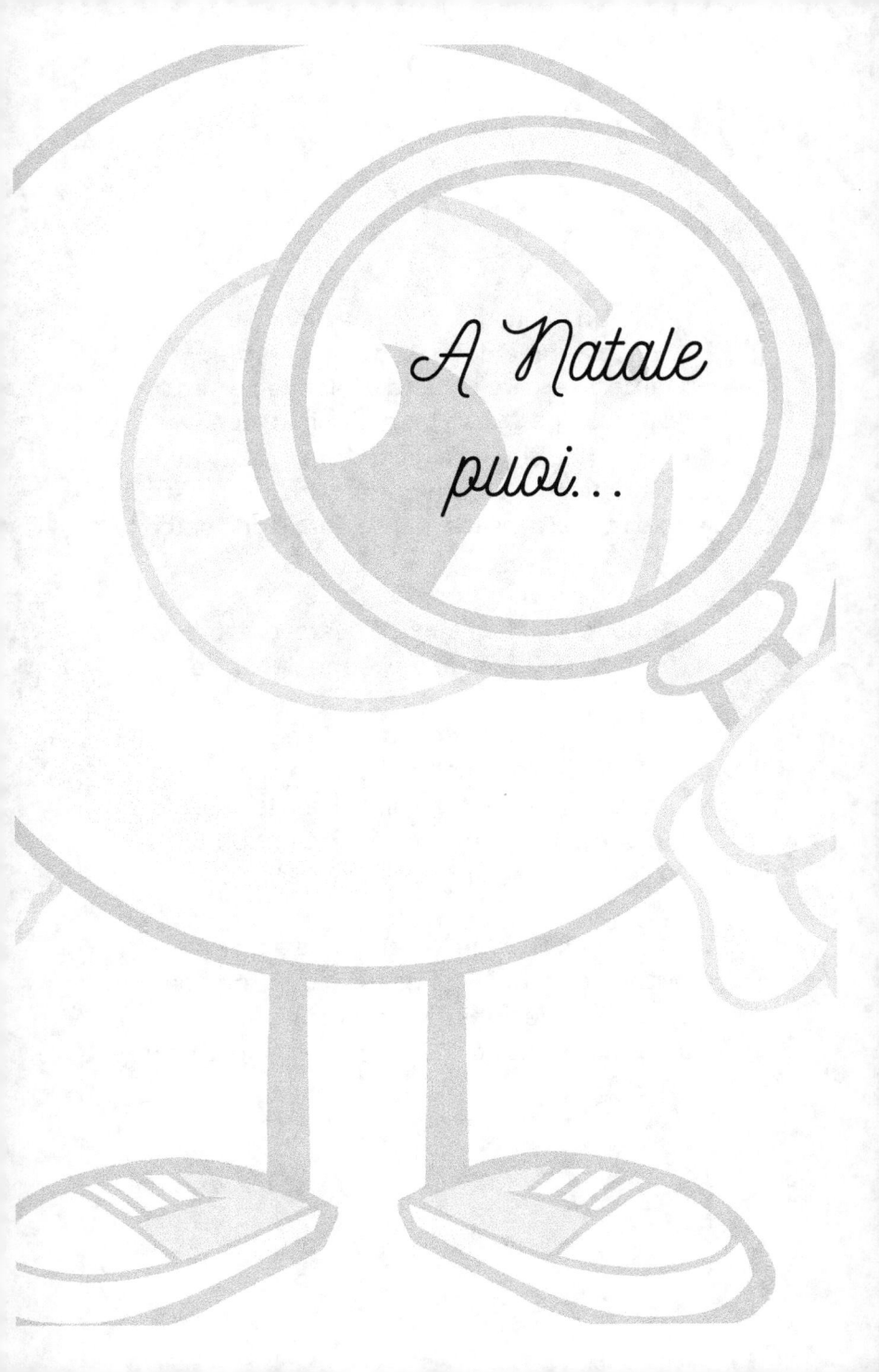

A Natale puoi...

Un oculista entra in un vivaio
poco prima delle festività natalizie
ed inizia a cercare l'albero di Natale perfetto.
Dopo un po', trova un bellissimo albero
e chiede al venditore:
"Questo è davvero l'albero perfetto per il mio studio!
È alto e robusto, esattamente quello che cerco."

Il venditore risponde:
"Sono felice che l'abbia trovato, dottore!
Ha in mente come lo vorrebbe decorare?"

L'oculista sorride e dice:
"Beh, ho pensato di decorarlo
con le lenti rosse e verdi del trial lens set.
In questo modo, avrò l'albero di Natale
più 'oculare' di sempre!"

Il venditore ride a crepapelle e dice:
"Dottore, questa è una delle idee più originali
che abbia mai sentito!
Sarà un Natale molto 'visionario' nel suo ufficio!"

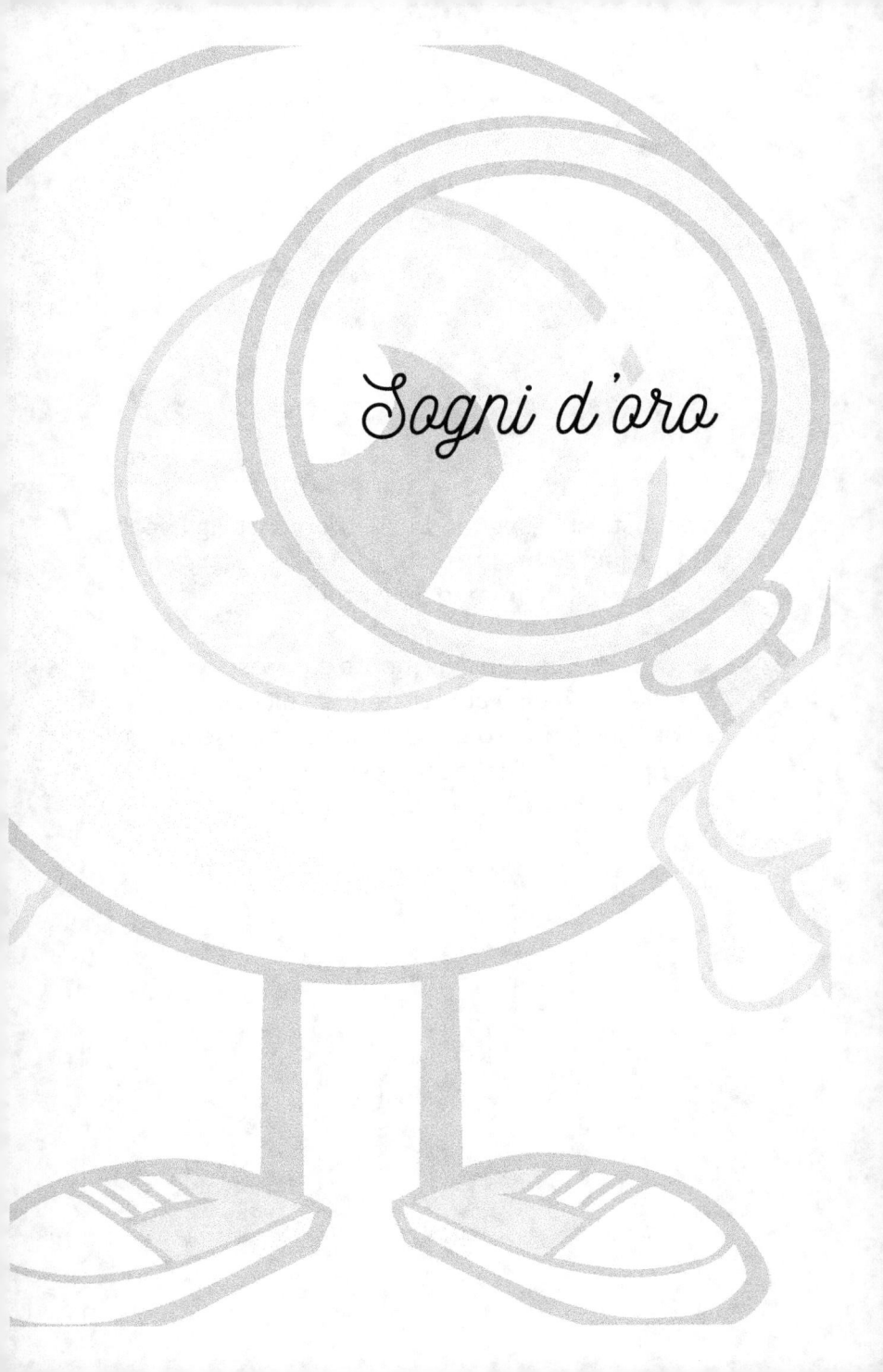

Sogni d'oro

Un oculista sta eseguendo un intervento agli occhi su un paziente che, purtroppo, inizia a russare forte nel bel mezzo dell'intervento.

L'oculista, leggermente sorpreso, si rivolge all'assistente e dice: "Sembra che il nostro paziente abbia deciso di darci un assaggio della sua 'visione notturna' proprio qui in sala operatoria!"

Dite all'anestesista che può restare a casa oggi

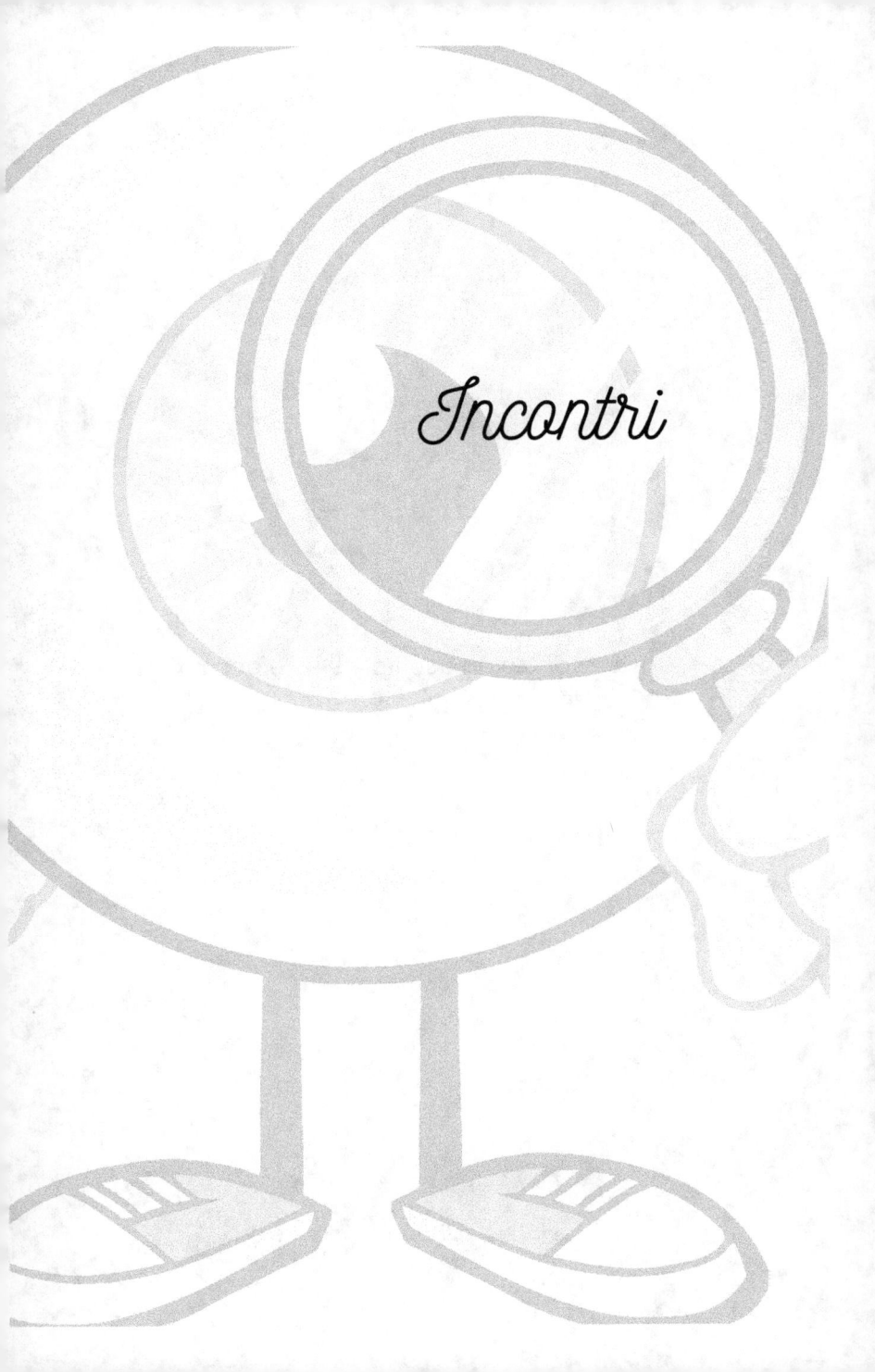

Incontri

Cosa ha detto un occhio all'altro occhio?
"Incontriamoci al cantone!"

Si trova li, all'iinterno...

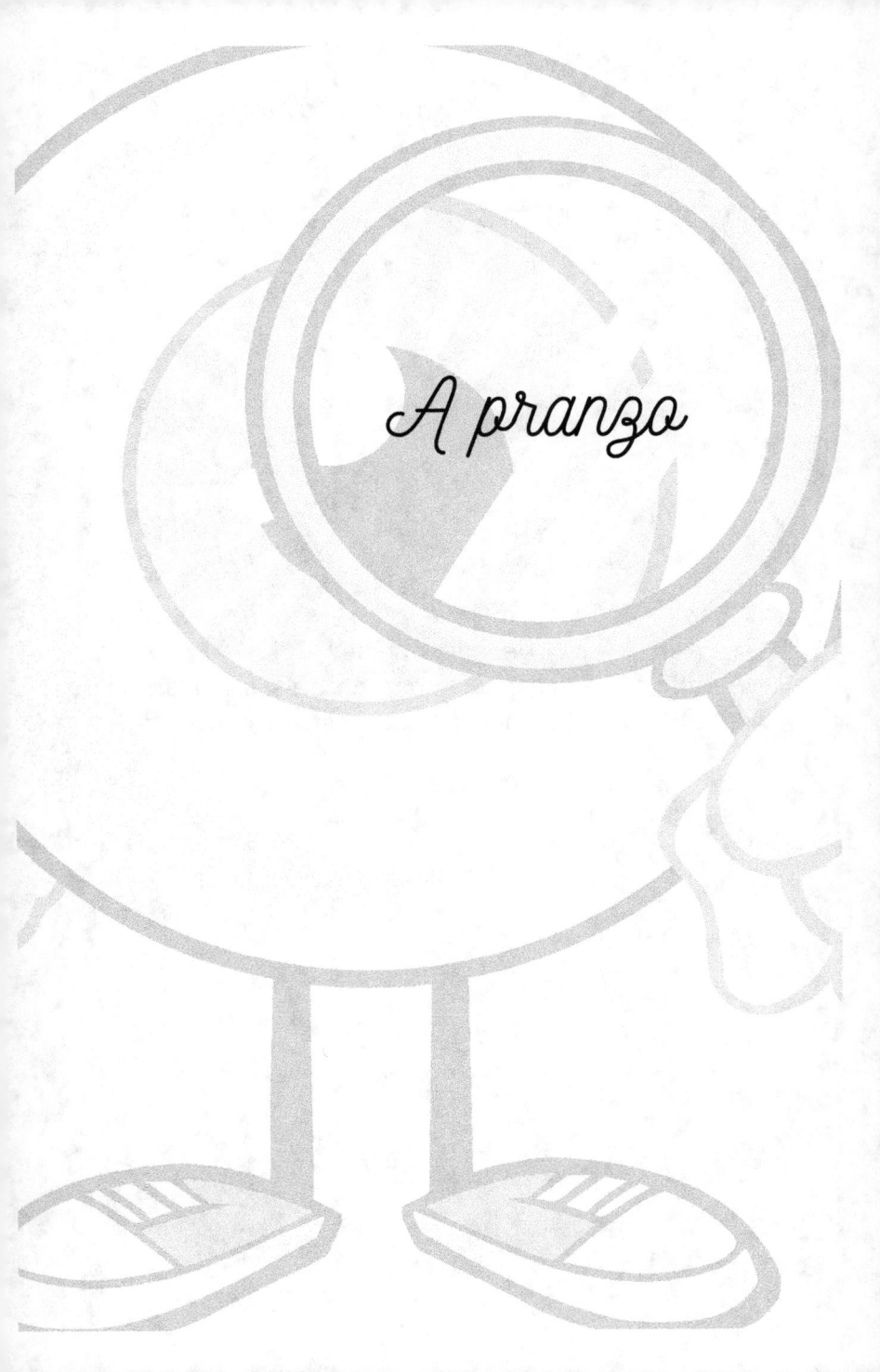

A pranzo

Perché l'oculista mangia sempre solo una parte delle lenticchie?
Perché come la capsula posteriore del cristallino, anche le lenticchie meritano di essere lasciate intatte!

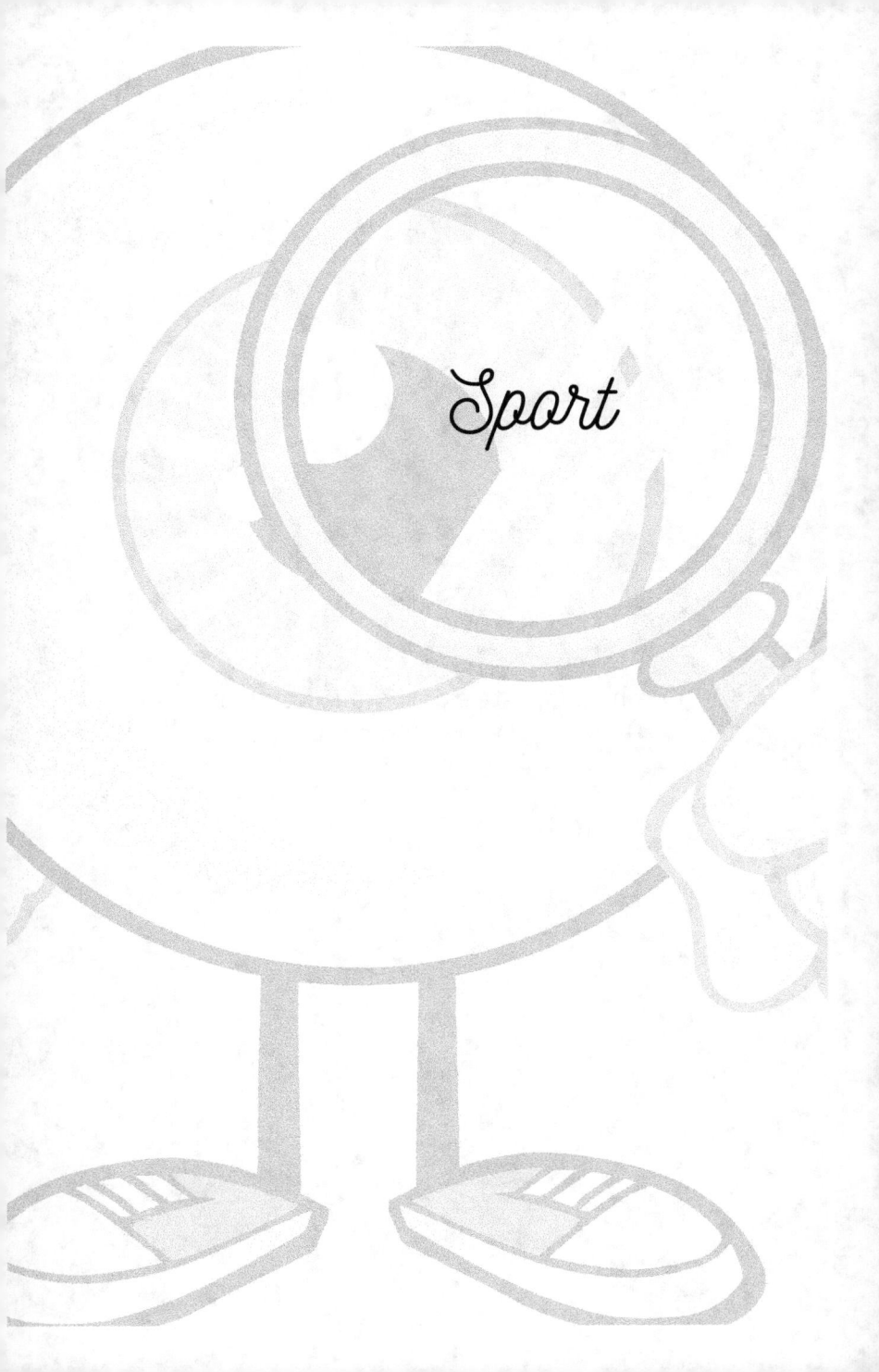

Sport

Perché l'oculista è così bravo nel tennis?
Perché ha un occhio per la palla!

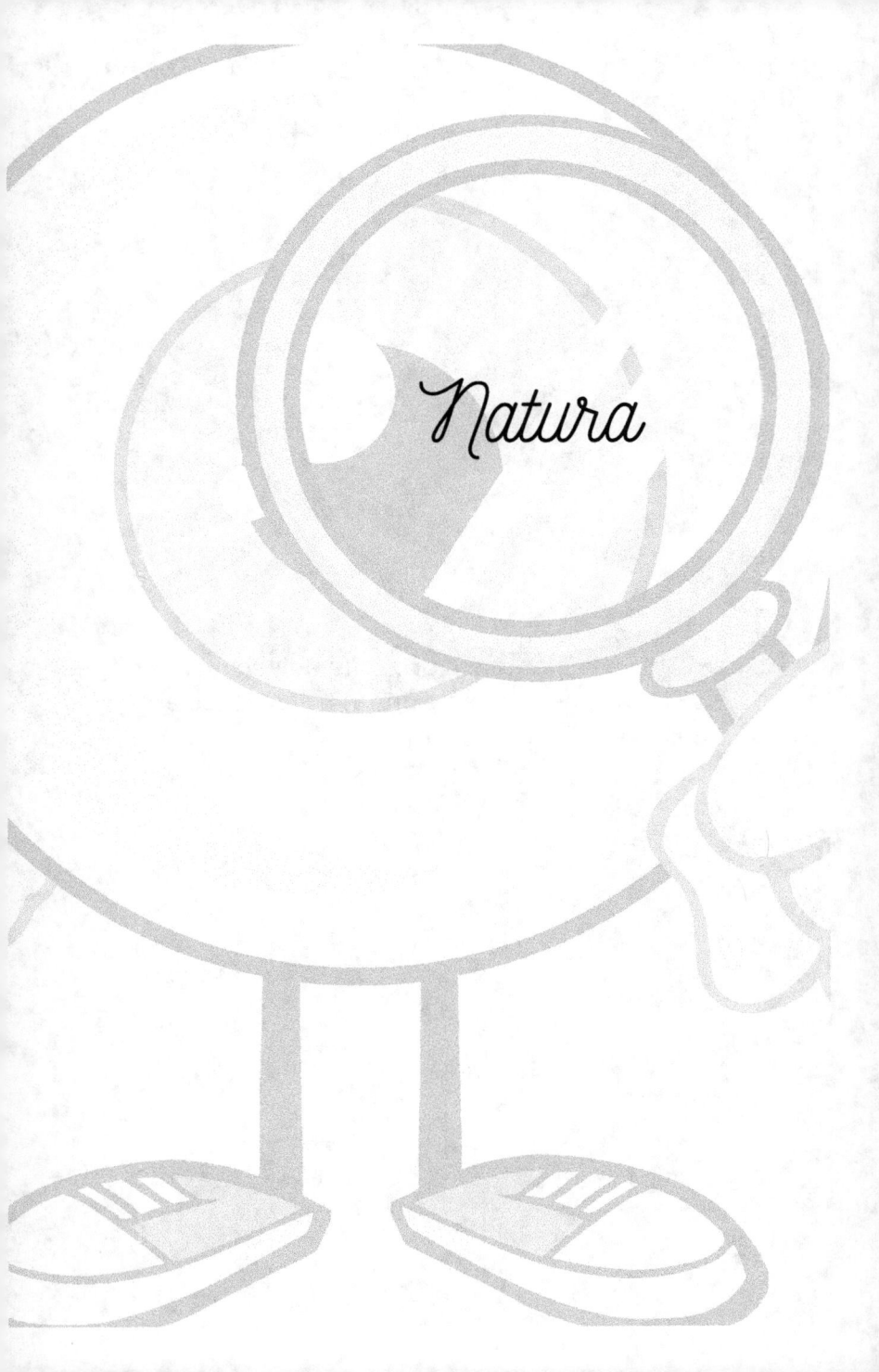

Natura

Qual è la montagna preferita dell'oculista?
L'Everest, perché offre una vista spettacolare!

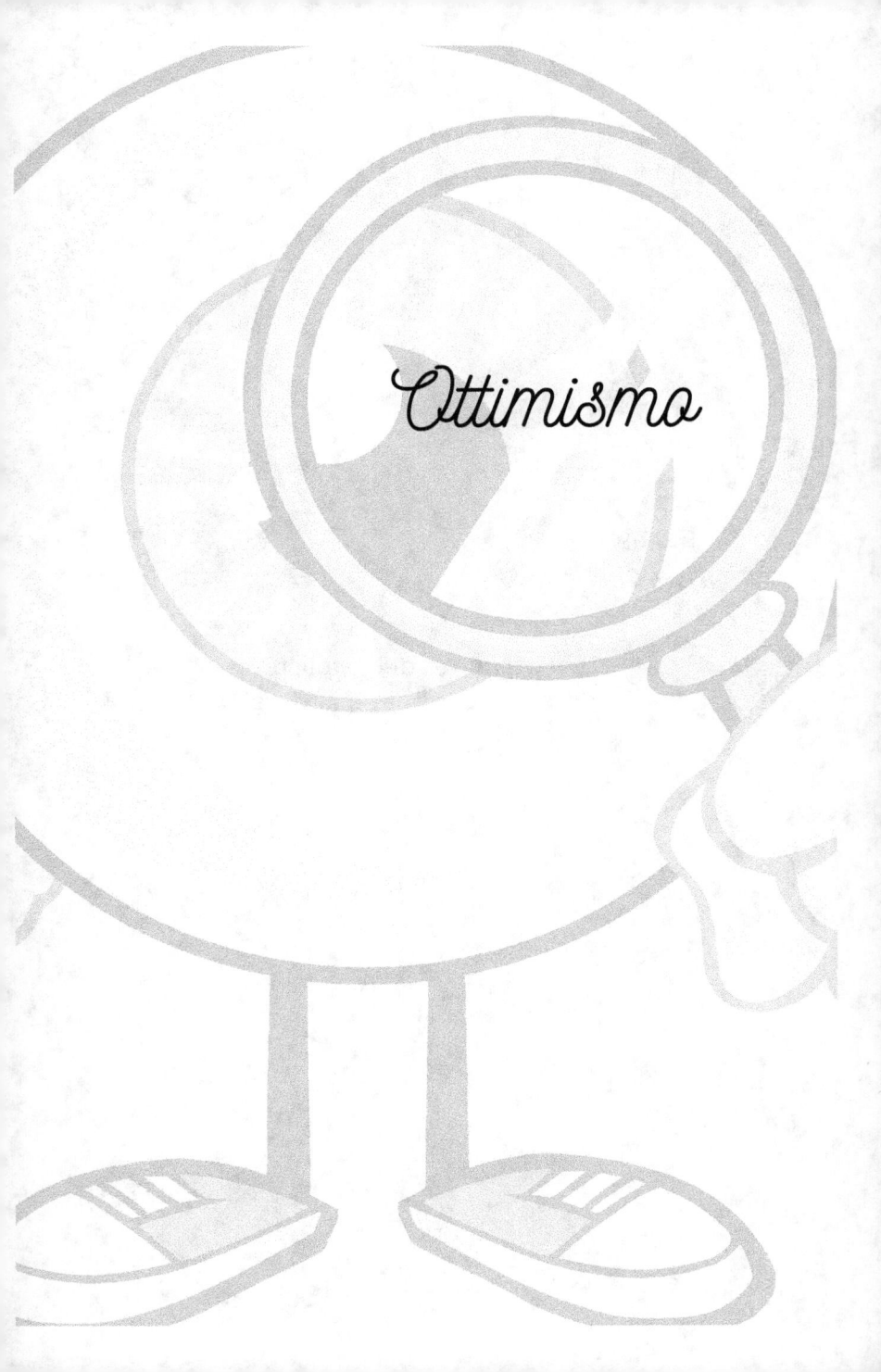
Ottimismo

Qual è il motto dell'oculista?
"Vedremo cosa possiamo fare!"

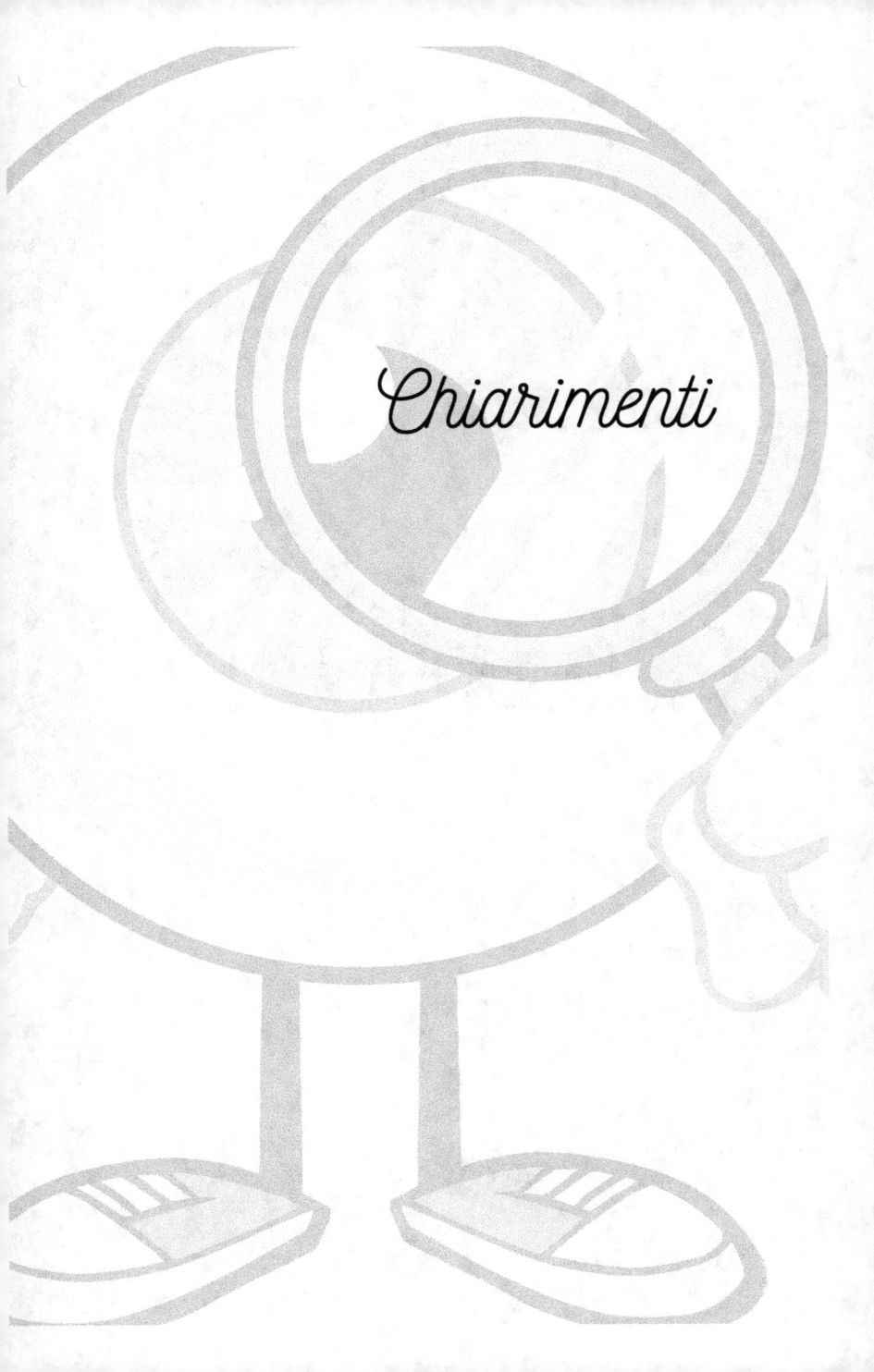

Chiarimenti

Cosa dice un paio di occhiali ad un altro paio di occhiali quando si litigano? "Non vedo l'ora di fare pace!"

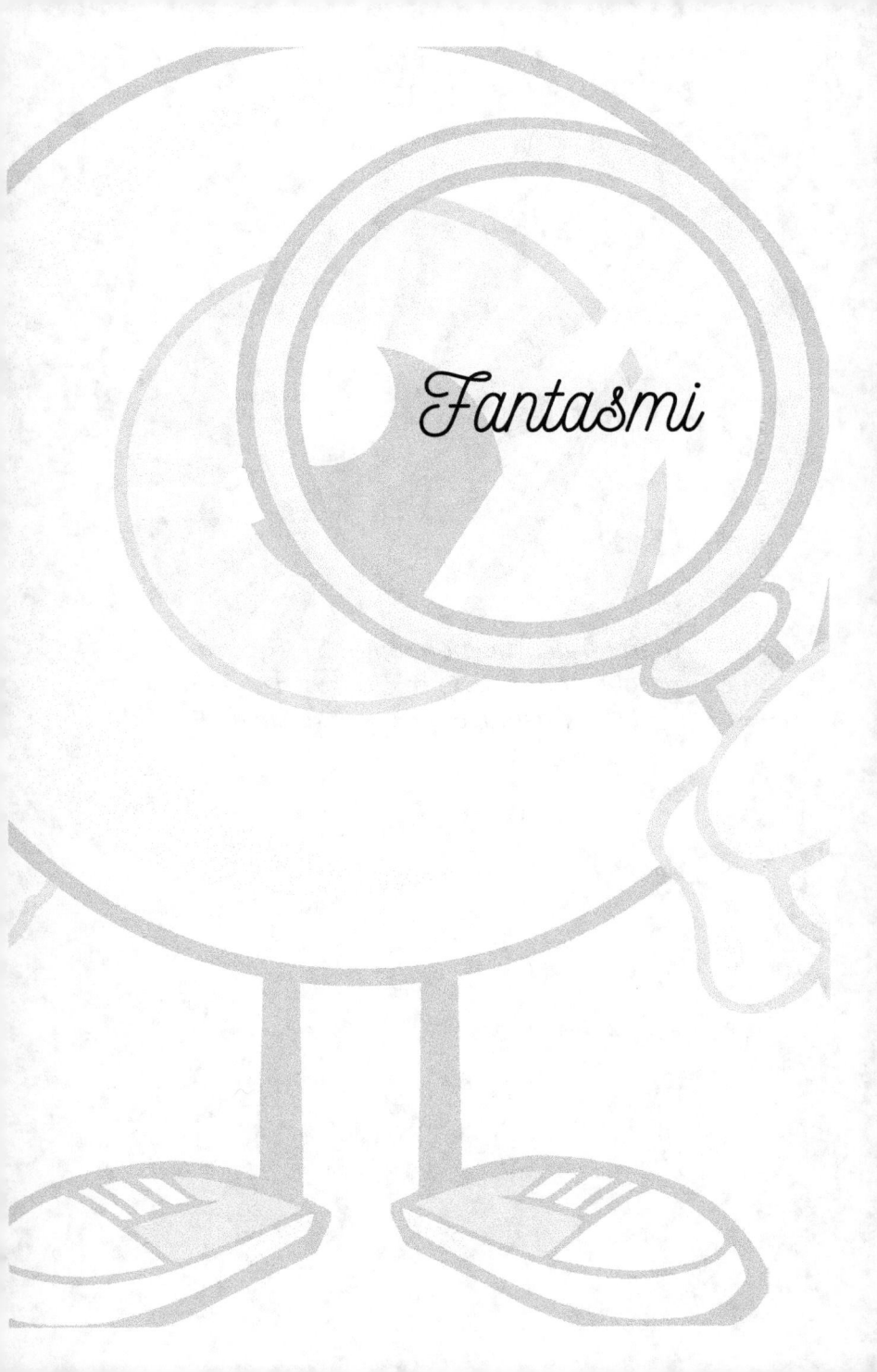

Fantasmi

Perché gli ottici non temono i fantasmi?
Perché hanno sempre a portata di mano
un "fantasmagorico" paio di occhiali!

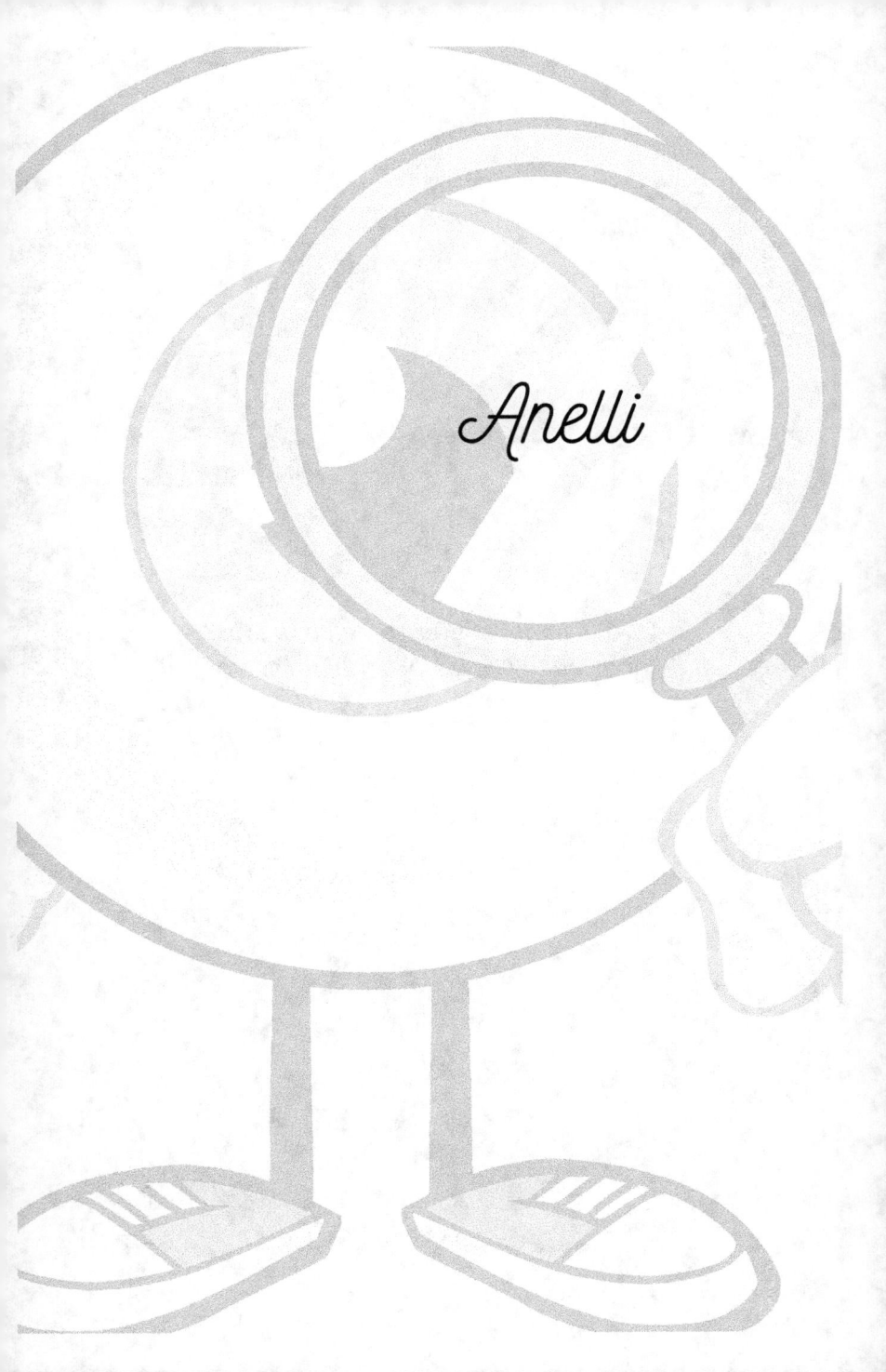

Anelli

Qual è il film preferito dell'oculista?
Il Signore degli Anelli corneali intrastromali

Sorprese

Cosa dice un occhio all'altro
quando vuole fare una sorpresa?
"Chiudi l'occhio, sto per farti una sorpresa!"

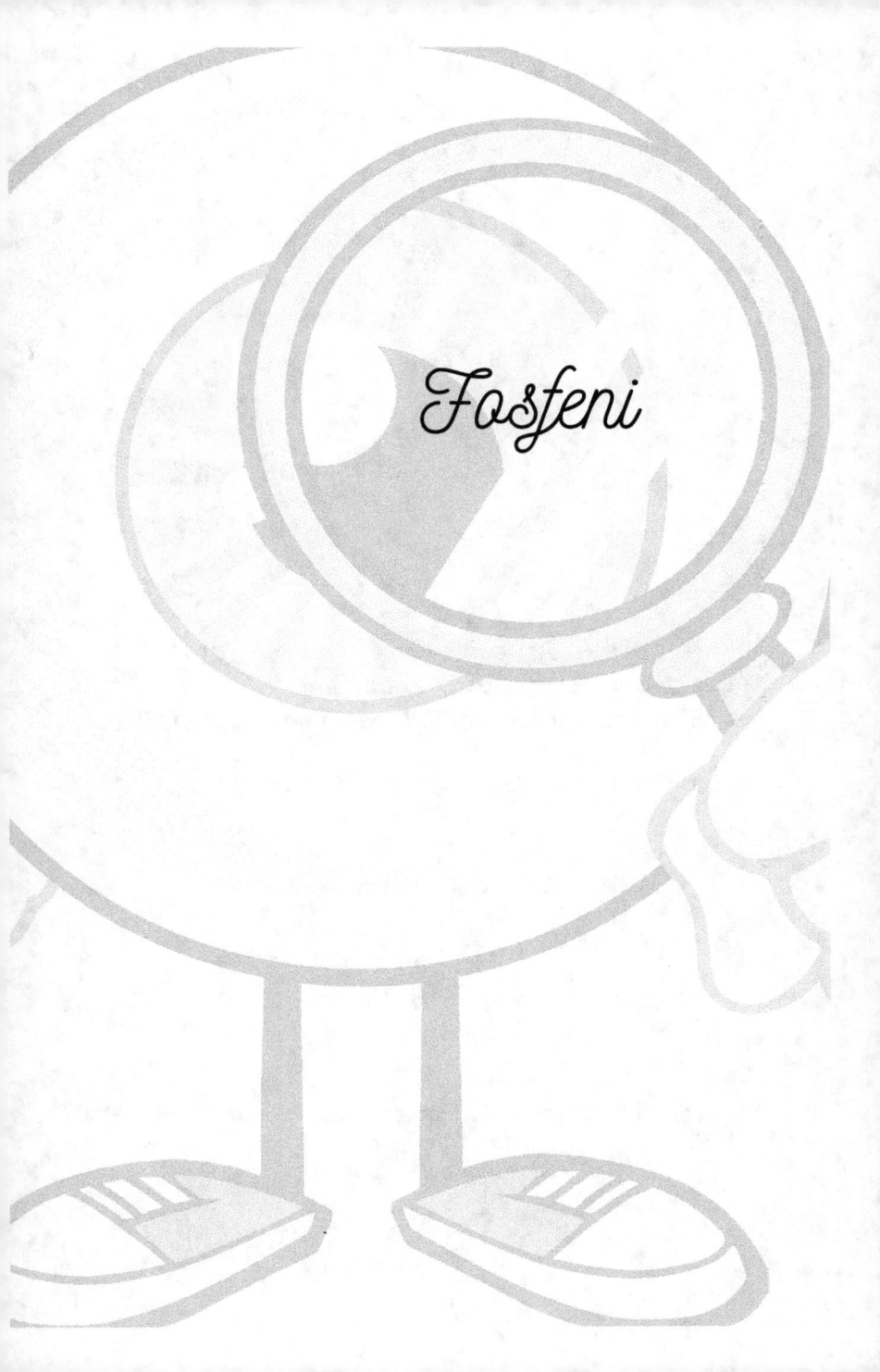

Fosfeni

*Cosa fa un occhio di un miope elevato
quando si prepara per una gara di corsa?
Si allena per essere "veloce come un lampo"!*

*il tutto prima di sottoporsi ad un esame
della periferia retinica
con lente di Goldmann*

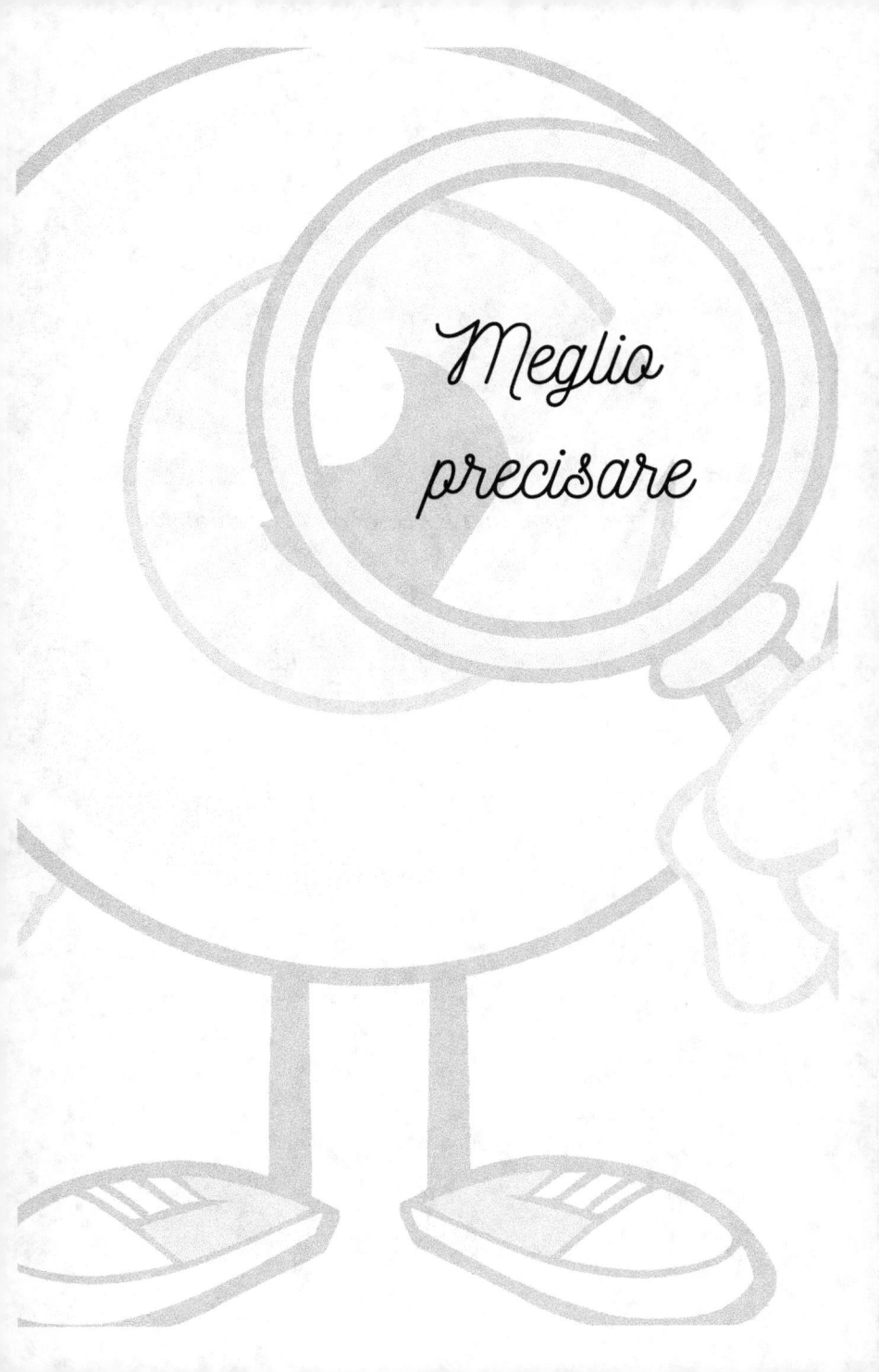

Meglio precisare

Dottore, penso di aver bisogno di occhiali."

"Perché dice così?"

"Perché vedo tutto doppio."

"Tutto doppio?"

"Sì, dottore, tutto doppio, tutto doppio."

*Ecco la sua prescrizione per lenti prismatiche.
Fanno 100 euro. Fanno 100 euro.*

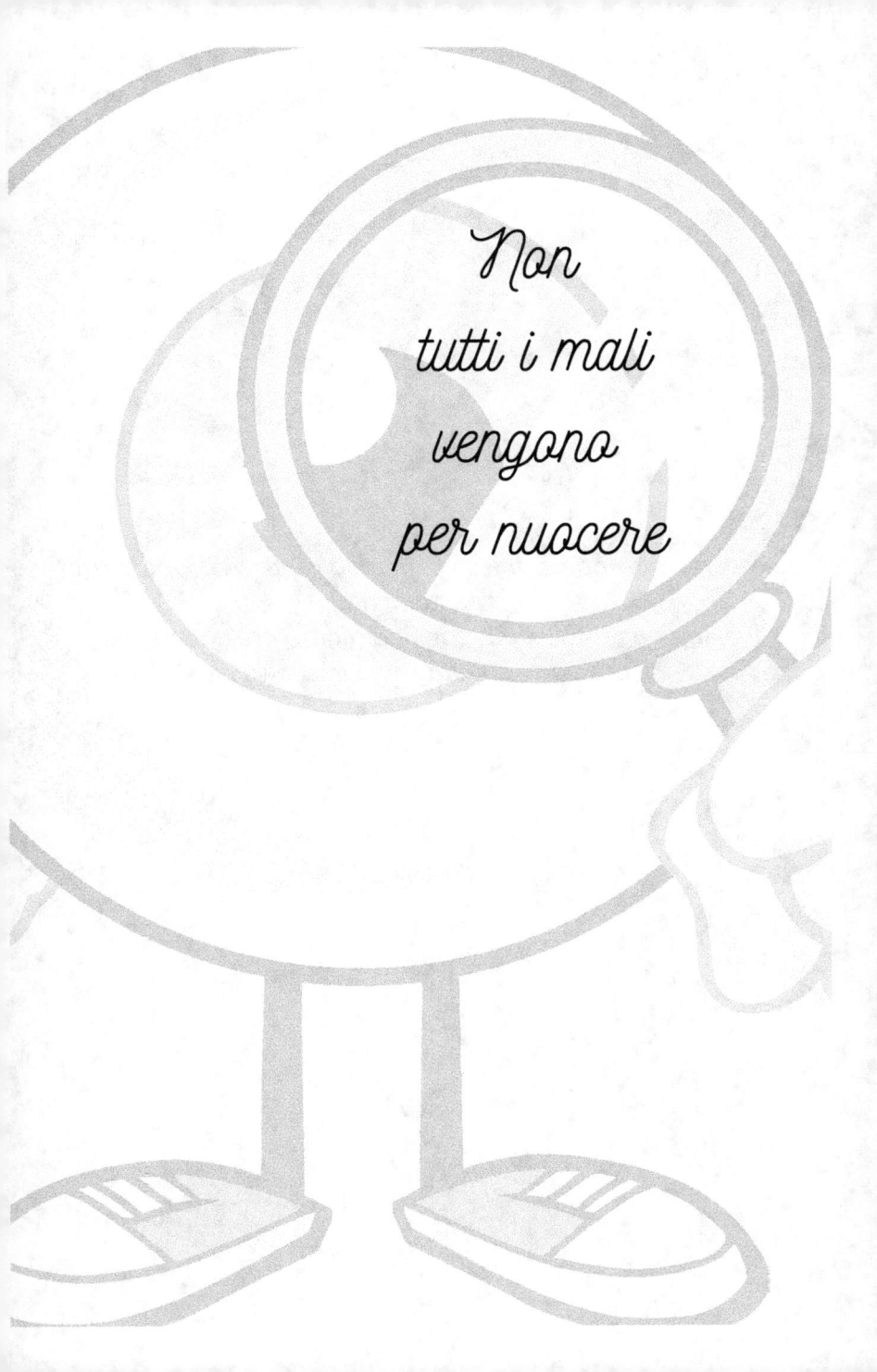

Dottore, quando ho chiesto alla mia ragazza di sposarmi,
ha detto di no."
"Mi dispiace sentirlo, ma cosa ha a che fare con la vista?"
"Beh, ora vedo che ha fatto la scelta giusta!"

GRAZIE PER IL VOSTRO CONTRIBUTO

Ricordate:
se starete bene sorriderete,

ma è anche vero il contrario
perchè se sorriderete starete bene.

E nel momento in cui starete bene voi
staranno bene tutti coloro che sono intorno a voi.

Cercate quindi di sorridere ogni giorno,
doveste anche sembrare dei matti.

Buon lavoro

Con amore per la vita
Aris Dendramis